I0558409

तुमसही, मैं गलत
क्योंकि स्वस्थ, प्यारी पार्टनरशिप्स
इत्तफ़ाक से नहीं बन जाती है

You’re right, I’m wrong

Because a healthy partnership full of love does not come by chance

क्या तुम नहीं समझ पा रहे कि अपने साथी को कैसे खुश कयिा जाए या सोचते रहते हो कि वे क्या सोच रहे होंगे? तुम नहीं जानते कि वे उन छोटी-छोटी बातों पर इतने नाराज क्यों हो जाते हैं, इतना कि तुम यह तक सोचने लगते हो, की मैं तुम्हें कसिी भी तरह से खुश नहीं कर सकता/सकती ... तो कोशशि भी क्यों करूँ?

यहाँ एक छोटा सा टेस्ट है: तुमने अपने साथी को नाराज कर दयिा है, और वे बेडरूम में चले गए और दरवाजा बंद कर दयिा। तो तुम्हें क्या करना चाहिए?
A. उनके शांत होने तक उन्हें अकेला छोड़ देना चाहिए
B. दरवाजा खटखटाना चाहिए और माफी मांगनी चाहिए।

अगर तुमने A को चुना है, तो यह कतिाब पढ़ो।

जवाब है B। दरवाजा खटखटाना चाहिए और माफी मांगनी चाहिए। लेकनि तुम गलत नहीं थे! जब तुम्हें यकीन है कि तुम सही हो तो तुम माफी क्यों मांग रहे हो! जवाब आसान है: तुम अपने साथी सहमत नहीं होने के लिए माफी चाहते हो। यदि तुम माफी नहीं मांगते हो, तो तुम अपने ही घर में दुखी रहोगे। माफी मांगो ताकि तुम और तुम्हारा साथी फरि से बात करना शुरू कर सकें। फरि से समझना शुरू कर सकें। और एक सुखी जीवन और पार्टनरशपि के साथ आगे बढ़ सकें। यह कतिाब एक मजेदार और सुखी जीवन जीने के बारे में है।

तुम खुशी से रहने के लिए अपनी चार जरूरतों के बारे में जानोगे। तुम खुशी से रहने के लिए अपने साथी की भी चार जरूरतों के बारे में जानोगे। तुम इस बारे में जानोगे कि चार गलतयिों से रशि्ते कैसे खराब हो जाते हैं, तुम्हारे साथी चार चरणों से गुज़रेंगे, और चार सबक जो तुम्हें कभी नहीं सखिाए गए। और तुम्हारी आंखें खुलने के बाद, तुम एक स्वस्थ रशि्ते के लिए महत्वपूर्ण चार स्तंभों की मरम्मत के लिए 16 दैनकि टूल्स के लिए तैयार हो जाओगे।

इस कतिाब में दी गई सलाह और अंतर्दृष्टि सगिलि्स को नए रशि्तों को इस तरह से अपनाने में मदद कर सकती है जसिसे दोस्तों को खुश रखा जा सके। क्या यह उन सभी मूर्खतापूर्ण बातों को छोड़ने का समय नहीं है जो आपके रशि्ते के बीच में आ रहे हैं? क्या तुम्हें लगता है कि वर्तमान संबंध में कुछ सुधार होना चाहिए या तुम नए रशि्ते की शुरुआत कर रहे हो, इस कतिाब को रशि्तों के प्रति तुम्हारे दृष्टकिोण को ठीक करने के लिए डज़िाइन कयिा गया है।

तुम सही, मैं गलत

यह किताब एक बेहतरीन पार्टनरशिप के बारे में है। यह तुम्हारे रिश्ते के लिए एक अनूठा दृष्टिकोण अपनाती है। भाग 1 की शुरुआत तुम्हें यह समझने में मदद करने से होती है कि तुम्हारी पार्टनरशिप इतनी खराब कैसे हो गई। यह तुम्हें एक कदम पीछे लेकर अपनी पार्टनरशिप की समानताओं के साथ जुड़ने में मदद करती है। लक्ष्य तुम्हें यह समझने में मदद करने का है कि तुमने अनजाने में कैसे समस्याएं पैदा की ताकि तुम उन्हें ठीक करने के रास्ते पर चल सको।

भाग 2 तुम्हें यह समझने में मदद करता है कि तुम्हारी पार्टनरशिप खराब क्यों हुई। यह वह जगह है जहाँ तुम देखना शुरू करोगे कि वियोग का कारण क्या है। तुम अपनी हरकतों को एक नए तरीके से देखना शुरू करोगे, और इस बात पर प्रकाश डालोगे कि वे तुम्हारे साथी को कैसे प्रभावित करती हैं। एक बार जब तुम इस से जुड़े कैसे और क्यों को समझ जाओगे तो तुम तुम्हारी पार्टनरशिप को ठीक करने के आधे रास्ते तक पहुँच जाओगे।

भाग 3 सबसे महत्वपूर्ण है, क्योंकि यह रिश्ते को फिर से स्थापित करने के बारे में है। तुम्हारी पार्टनरशिप को ठीक करने के लिए इसमें चरण-दर-चरण दृष्टकोण है और ऐसा करने के लिए आवश्यक सोलह टूल्स हैं। किताब पढ़ते समय, तुम समझोगे कि तुम्हारी पार्टनरशिप में क्या सुधार करने की ज़रूरत है और इससे भी महत्वपूर्ण बात यह है कि, कौन से टूल इसे ठीक करेंगे।

तुम एक बार जब इस किताब को पढ़ लो, उसके बाद मैं कड़ाई से सलाह देता हूँ कि तुम कार्यपुस्तिका डाउनलोड करो। तुम्हें जटिल "बैगेज" आइटम के बारे में सोलह और टूल्स और बोनस अध्याय मिलेंगे। यह मास्टर क्लास है।

यह किताब सभी लिंगों और पार्टनरशिप्स पर लागू करने के लिए सावधानीपूर्वक लिखी गई थी। तस्वीरों के अलावा, यह किताब किसी भी लिंग के लिए विशिष्ट नहीं है। जब तुम किताब पढ़ोगे, तो तुम किताब में जो भूमिका निभाते हो, उसे देख पाओगे। तुम अपनी पार्टनरशिप को प्रभावित करने वाले दैनिक मुद्दों के बारे में जानोगे जिन्हें तुम कभी मुद्दे के रूप में नहीं देखा करते थे। बाद में इस किताब में, तुम समझोगे कि यह सब एक साथ कैसे जुड़ा है और इससे भी महत्वपूर्ण बात यह है कि, स्वस्थ पार्टनरशिप के लिए हर एक साथी दूसरे पर कैसे निर्भर है।

जो काम आता है, उसका अभ्यास करना ना भूलना।

मैं कोई मनोवैज्ञानकि नहीं हूं। मैं सरि्फ एक आदमी हूं जसिने कई वर्षों में व्यावहारकि जीवन के अनुभव के माध्यम से सीखा है कि एक मजबूत पार्टनरशपि कैसे बनाई जाए। मैंने यह सरल सलाह उन दोस्तों को दी है जनि्होंने इसे उपयोगी पाया। अब मैं इसे तुम्हारे साथ शेयर कर रहा हूं।

यह कताब सैद्धांतकि आत्मनरीक्षण (theoretical introspection) नहीं है। यह वास्तवकि जीवन से लिए गए रोजमर्रा के उदाहरणों के साथ एक व्यावहारकि, आसान कताब है। यह एक ऐसा रास्ता है जसि पर कोई भी कसिी रश्ति को पटरी पर लाने के लिए चल सकता है। तो इस कताब में वर्णति कई सारे अनुभव तुम्हें उसकी याद दलिाएंगे जो तुम पहले से जानते हो - लेकनि तुम उसे वास्तवकि परसि्थतियों में इस्तेमाल करना भूल गए हो। या उस बात का अनुस्मारक है जो तुम खुद के कसिी हसि्से में जानते हो, जसि कसिी न कसिी कारण से तुम अपना नहीं पा रहे हो।

तुमने मानववज्ञिानी (anthropologist) लॉरेन ईसेली द्वारा बताई गई नमि्नलखिति कहानी सुनी होगी। मैंने यह कताब क्यों लखिी, वह इसके लिए यह एक आदर्श सादृश्य है:

एक सुबह के समय, एक बूढ़ा आदमी एक बड़े तूफान के गुजरने के बाद समुद्र के कनिारे पर चल रहा था और उसने पाया कि वशिाल समुद्र तट स्टारफशि से भरा हुआ है, जहाँ तक उसकी नज़रें देख सकती है, उसके दोनों दशिा में फैली हुई थीं। कुछ ही दूरी पर बूढ़े ने देखा कि एक छोटा लड़का उसकी ओर आ रहा है। जैसे-जैसे लड़का समुद्र तट पर चलता आ रहा था, वह बार-बार रुकता, कसिी वस्तु को उठाने के लिए नीचे झुककर उसे समुद्र में फेंक देता। जैसे ही लड़का करीब आया, उस आदमी ने पुकारा, "सुप्रभात! क्या मैं पूछ सकता हूँ कि तुम क्या कर रहे हो?"

युवा लड़के ने ऊपर देखा और जवाब दयिा, "स्टारफशि को समुद्र में फेंक रहा हूँ। लहरों ने उन्हें समुद्र तट पर बहा दयिा है, और वे अपने आप समुद्र में नहीं लौट सकती। जब सूरज ऊपर आ जाएगा, तब तक वे मर जाएँगी, जब तक कि मैं उन्हें वापस पानी में न फेंक दूँ।"

बूढ़े इंसान ने जवाब दयिा, "लेकनि इस समुद्र तट पर शायद हज़ारों स्टारफशि होंगी। मुझे नहीं लगता कि तुम सभी को पानी में फेंक पाओगे।"

लड़का नीचे झुक गया, एक और स्टारफशि उठाई और जतिना दूर हो सके उसे समुद्र में फेंक दयिा। फरि वह मुड़ा, मुस्कुराया, और कहा, "उस एक मछ्ली को तो फेंक पाया!"

कॉपीराइट © 2022 जैफ मारनिेलि
सर्वाधकिार सुरक्षति।
copyright YOU'RE RIGHT, IM WRONG (HINDI) 1-11327315504

तुम सही, मैं गलत, - अमेरकिी पेटेंट और ट्रेडमार्क सीरयिल नंबर 90732922
मैं गलत, तुम सही - अमेरकिी पेटेंट और ट्रेडमार्क क्रमांक 90736412

इस दस्तावेज़ के कसिी भी हस्सि को इलेक्ट्रॉनकि या मुद्रति प्रारूप में पुन: पेश करना, डुप्लकिेट करना या प्रसारति करना कसिी भी तरह से कानूनी नहीं है। इस प्रकाशन को रकिॉर्ड करना सख्त वर्जति है, और प्रकाशक की लखिति अनुमत‍ि के बनिा इस दस्तावेज़ के कसिी भी भंडारण की अनुमत‍ि नहीं है। सभी अधकिार रज़िर्व्ड हैं।

यह कतिाब कॉपीराइट सुरक्षति है। यह केवल व्यक्तगित उपयोग के लिए है। कोई भी लेखक या कॉपीराइट मालकि की सहमत‍ि के बनिा इस कतिाब की वषिय वस्तु के कसिी भी हस्सि में संशोधन, वतिरण, बक्रिी, उद्धरण का उपयोग या व्याख्या नहीं कर सकता। इसका उल्लंघन होने पर कानूनी कार्रवाई की जाएगी।

प्रकाशक और लेखक इस कतिाब और इसकी वषिय वस्तु को "जैसा है" के आधार पर प्रदान करते हैं और इस कतिाब या इसकी वषिय वस्तु के संबंध में कसिी भी प्रकार का कोई प्रतनिधित्वि या वारंटी नहीं देते हैं। प्रकाशक और लेखक ऐसे सभी अभ्यावेदन और वारंटी को अस्वीकार करते हैं, जनिमें कसिी वशिष उद्देश्य के लिए स्वास्थ्य देखभाल की वारंटी शामलि है, लेकनि इन्हीं तक सीमति नहीं है। इसके अलावा, प्रकाशक और लेखक यहाँ त्रुटयिों, अशुद्धयिों, चूकों या कसिी अन्य वसिंगतयिों के लिए कोई जम्मिदारी नहीं लेते हैं।

इस कतिाब की सामग्री केवल सूचना के उद्देश्यों के लिए है और इसका उद्देश्य कसिी भी स्थत‍ि या बीमारी का नदिान, उपचार, इलाज या रोकथाम करना नहीं है। समझ लीजिए क‍ि यह कतिाब कसिी लाइसेंस प्राप्त व्यवसायी के परामर्श के वकिल्प के रूप में अभप्रित नहीं है। इस कतिाब में दिए गए सुझावों और सफिारशिों के संबंध में कृपया अपने चकित्सिक या स्वास्थ्य वशिषज्ञ से परामर्श लें। इस कतिाब के उपयोग का अर्थ है क‍ि तुम इस अस्वीकरण(डस्कि्लेमर) को स्वीकार करते हो।

प्रकाशक और लेखक इस कतिाब में नहिति सलाह और रणनीतयिों का पालन करके तुम सफलता के स्तर को अनुभव करोगे, इसके बारे में कोई गारंटी नहीं देते हैं। तुम इस जोखमि को स्वीकार करते हो क‍ि परणािम प्रत्येक इंसान के लिए अलग-अलग हो सकते हैं। इस कतिाब में दिए गए प्रशंसापत्र और उदाहरण असाधारण परणािम दखिाते हैं, जो औसत पाठक पर लागू नहीं हो सकते हैं। वे प्रतनिधित्वि या गारंटी देने के लिए अभप्रित नहीं हैं क‍ि तुम्हें समान या मलिते जुलते परणािम मलिेंगे।

आर्ट एंड लवििंग, लॉस एंजलिस, कैलफ़ोिर्नयिा द्वारा प्रकाशति
www.artandliving.com
संयुक्त राज्य अमेरकिा में प्रटि

7

समर्पण और आभार

सबसे पहले, मेरे जीवन के प्यार के लिए जो मेरे समर्थन में खड़ी रही जब मैं इस किताब को पूरा करने और इसे ठीक करने के लिए अपनी यात्रा से गुज़र रहा था।

मेरे पुरुष दोस्तों के लिए: मैं तुम्हारी कहानियों और अनुभवों के लिए धन्यवाद देना चाहता हूँ जो मैं शेयर कर पाया - जिम फेरिस, जॉन पैटीसन, लियोन जॉनी हैरिस, रॉन बर्कहार्ट, माइकल टॉड

महान परिवार और दोस्तों के लिए जिन्होंने किताब पर दृष्टिकोण दिया-धन्यवाद! जोनी फेयर, केसी फिशर, रेने हैगस्ट्रॉम, आरोन इन्नेलो, डोना मैककैन PsyD, डेविड फ़िफ़र, एलीन ने।
हिन्दी अनुवाद द्वारा – कंचन नरयानी

विषयसूची

लेखक के बारे में
जैफ मारनिली ...
तुम सही, मैं गलत

जैफ मारनिली एक ऐसे लेखक हैं, जनिके पास आशा है, प्रकाशक, जन हतिषी, उद्यमी और बेहतर पार्टनरशपि बनाने के लिए काम करने वाले कसिी भी इंसान के सबसे अच्छा दोस्त हैं। वह तुम्हें सबसे पहले यह बताते हैं कि वह मनोवैज्ञानकि नहीं है। उन्होंने व्यक्तगित और पेशेवर स्थति में अपने गहरे अनुभव से सीखा है और अब तुम सही, मैं गलत में उस अंतर्दृष्टि को हमारे साथ बाँट रहे हैं।आर्ट एंड लविंगि मैगज़ीन के संस्थापक/प्रकाशक के रूप में, जैफ ने 2005 से ऐसे दर्शकों और रचनाकारों को जोड़ा है जो जीवन को समृद्ध करते हैं। आर्ट एंड लविंगि चैरटिबल फाउंडेशन के संस्थापक के रूप में, जैफ छात्रों को आकर्षक अनुभवों के माध्यम से कला के करीब लाते हैं। एक सीईओ के साथी के रूप में, जैफ ने कॉर्पोरेट जीवन के उच्च तनाव को जीया है और दखिाया है कि वह जानते हैं कि पार्टनरशपि के कैसे परखा जा सकता है और मजबूत कयिा जा सकता है।

कलाकार के बारे में

गोंजालो डुरान एक एंजेलीनो कलाकार है जनिकी एक अंतरराष्ट्रीय फॉलोइंग है। मेक्सकिो में जन्मे, बचपन में यू.एस. में चले गए और ओटसि आर्ट इंस्टीट्यूट और चौइनार्ड आर्ट स्कूल में जाने से पहले पूर्वी L.A. में बड़े हुए। उन्हें जवाब और मध्य अमेरकिा का मार्क छागल कहा जाता है। उनका शानदार, कभी-कभी चौंका देने वाला पैलेट उनकी असीम कल्पना को पूरा करता है। वह अपनी पत्नी, कलाकार चेरी पैन के साथ उनके वेनसि, कैलफ़ोर्नयिा, घर से मोज़ेक टाइल हाउस चलाते हैं।

गोंजालो इस कताब के लिए एकदम सही कलाकार थे क्योंकि वह वही जीते हैं जो इस कताब में लखिा है। वह जानते हैं, अगर उनका साथी खुश है, तो वह खुश है। गोंजालो अपनी कलाकृतियों के माध्यम से कताब की वशिुअल स्टोरी बताते हैं, और उनकी रचनाएँ पाठक के लिए एक उपहार हैं।

इतना बुरा कैसे हो गया

मुझे अब और कष्ट नहीं होगा
तुमने हमारे बीच एक दीवार खड़ी कर दी है
अब हम साथ में मज़े नहीं करते
OFF
ON
Gonzalo

भाग 1: तुम यहाँ कैसे और क्यों आए?

आओ वास्तवकि बनें

मैंने तुमसे शौचालय को ठीक करने के लिए १० बार कहा है
क्या आप अपना फैलाया हुआ समेट सकते हो
शकिायत शकिायत शकिायत

अध्याय 1: चलो सच का सामना करें

तुम्हें खुश करना तुम्हारे साथी का काम नहीं है।
खुशी तुम्हारे अंदर की बात है।
तुम एक महान साथी हो, है ना? बलि्कुल हो। तो तुम्हें इस कतिाब की ज़रूरत क्यों है?

चलो सच्चाई का सामना करें। क्या तुम उतने ही अच्छे साथी हो जतिने तुम बन सकते हो? या क्या तुम इस बात से थोड़े अनजान रहे हो कि तुम्हारे साथी कसि चीज से खुश होते हैं, वे कसि बारे में सोचते हैं, या जो बात तुम्हें छोटी लगी, उस पर वो इतने गुस्सा क्यों हो जाते हैं? क्या वो परियों की कहानी का जीवन जो तुमने शुरू कयिा था, अब तुम्हें एक कठनि, जटलि, अनंत, अकृतज्ञ नौकरी की तरह लगता है?

वास्तवकिता यह है कि हम में से ज्यादातर लोग इस बारे में अधकि वचिार कए बनिा ही अपने पार्टनरशपि में प्रवेश कर गए कि हमारे साथी कसि चीज़ से खुश होते है। हमने बस यह सोचा कि अगर हम एक बेहतरीन जीवन देने के लएि कड़ी मेहनत करते हैं, तो कसिी के साथी दुखी कैसे हो सकते हैं? लेकनि कभी-कभी ऐसा लगता है कि तुम्हारे साथी कभी संतुष्ट नहीं होंगे- कभी नहीं।

आखरिकार, ज्यादातर लोग सरि्फ एक साथ खुश रहना चाहते हैं। वो सामंजस्य (compatibility) और साहचर्य (companionship) में वशि्वास करना चाहते हैं। वो एक सरल तरीके से, कड़ी मेहनत करके एक-दूसरे के साथ मज़े करना चाहते हैं।

यह कतिाब बनिा कसिी दूसरी बकवास के अपने साथी के साथ उस बेहतरीन जीवन को प्राप्त करने के बारे में है। यह तुम्हें वह बात याद दलिाने के बारे में है कि फरि से वो इसान कैसे बना जाए जसिसे तुम्हारे साथी प्यार करते हैं, ताकि तुम्हारे साथी उस भावना को फरि से अनुभव कर सकें।

ऐसा करने के लएि, तुम्हें पहले यह समझना होगा कि संबंध कैसे काम करते है। यह कतिाब तुम्हें स्थतिियों परणिामों को जाने बनिा उस क्षेत्र में सुरक्षति रूप से ले जाएगी ताकि तुम एक ऐसी पार्टनरशपि बना सको जो सभी बेहतरीन तरीकों से अच्छी हो: मजबूत रूप से जुड़ी हुई, अनंत और ईमानदारी बांटते हुए, और नशि्चति रूप से- प्यार से भरी हुई हो।

यह कतिाब तुम्हें एक ऐसा साथी बनने में मदद करेगी जो तुम्हारी ज़रूरतों को पूरा करने वाले साथी के योग्य हो - और तुम्हारे लएि उनकी ज़रूरतों को पूरा करना आसान बना सके। अगर तुमने तुम्हारे साथी के साथ यह गहरा संबंध खो दयिा है, तो तुम्हें इस कतिाब की ज़रूरत है। अगर तुम्हारी पार्टनरशपि अच्छे स्थान पर नहीं है या तुम जानते हो कि यह काफी बेहतर हो सकती है, तो तुम्हें इस कतिाब की ज़रूरत है।

हर दनि तुम्हारे साथी के साथ कई जटलि स्थतियाँ होती हैं। उन से कैसे नपिटा जाए, यही महत्वपूर्ण है। तुम्हारी पार्टनरशपि आम दनिों में एक दशा में चलती है, लेकनि असामान्य दनिों के बारे में क्या, या जब अचानक से कोई मुद्दे सामने आते हैं?

हम उन बेहद जरूरी तत्वों को उजागर करेंगे जसिकी वजह से तुम्हारे साथी नश्चित तरीके से व्यवहार करते हैं, ताकि तुम खतरे और परेशानी की बातों को पहचान पाओ। जब तुम उन्हें देखोगे, तो तुम तनाव के साथ जवाब देने के बजाय स्नेह और प्यार से जवाब दे सकते हो। यह कताब मुद्दों को हल करने और अपने साथी के साथ प्रभावी ढंग से संवाद करने के लए सही वकिल्प चुनने में तुम्हारी मदद करेगी। यह उलझन भरा है लेकनि असंभव नहीं है। मैं तुम्हें दखिाऊंगा कैसे और क्यों।

मैंने अक्सर जोड़ों को यह कहते सुना है, "ओह, हम इधर-उधर थोड़ी-बहुत बहस करते हैं, लेकनि कौन से जोड़े नहीं करते? यह कताब मेरी कैसे मदद कर सकती है?" इसे पढ़कर तुम समझ जाओगे।

तुम्हारी जदिंगी के प्यार के बनिा जीवन कोई अच्छा जीवन नहीं है।

तुम्हारे अंदर शक्त है

तुम सही, मैं गलत इस वचिार से शुरू होता है कि तुम्हारे पास रश्ति को बेहतर बनाने में नेतृत्व करने की शक्त है। हाँ, एक रश्ति में दो लोगों की ज़रूरत होती हैं, लेकनि एक इंसान के कार्यों की सकारात्मक शक्त बहुत बड़ा प्रभाव डाल सकती है। दूसरे इंसान पर रश्ति की समस्याओं का दोष देना बहुत आसान है। पीछे बैठ कर उनके बदलने की राह देखना बहुत आसान है, जबकि तुम्हारे पास चीजों को वापस ट्रैक पर लाने के लए शक्त है, जतिना तुम जानते हो उससे कहीं ज्यादा।

इस वश्विास के साथ शुरुआत करो कि तुम रश्ति की नींव हो। मेरे अपने जीवन में, मैं ज्ञानपूर्ण कहावत का पालन करता हूं, "सुखी पत्नी, सुखी जीवन।" मैंने एक ऐसी महलि से शादी की है जो CEO रही है और परणिामों के लए प्रयास करती है। वह काम पर और घर पर दोनों जगह अपनी अपेक्षाओं के बारे में सटीक रही है। मैंने इस बात को सीखा और महारत हासलि की है कि मैं कैसे सुनश्चिति करूँ कि उसकी ज़रूरतें पहले पूरी हो रही हैं। तब, और उसके बाद ही, मैं अपने काम, शौक - और इस कताब पर - ध्यान केंद्रति कर सकता हूं, बनिा हमारे रश्ति के बारे में चति किए। मैं मजाक करता हूं कि जीवन में मेरा काम यह सुनश्चिति करना है कि मेरी पत्नी परेशान न हो। लेकनि मैं तुम्हें वश्विास दलिाता हूं कि जब वह परेशान नहीं होती है, तो मैं भी नहीं होता हूं।

इसे पढ़ते समय, दूसरों की दृष्टकिोण को समझने की कोशशि करो (अपने दमिाग को खुला रखो)। जो तुमसे संबंधति है उस पर ध्यान दो। वचिारों को वास्तवकि परस्थितियों में अपनाओ। तुम अपने रश्ति में बेहतर होते बदलाव देखोगे।

यह किताब केवल स्थापित संबंधों वाले लोगों के लिए नहीं है। यह एकल लोगों को नए रिश्तों को इस तरह से अपनाने में मदद कर सकती है जिससे दोस्तों को खुश रखा जा सके। क्या यह उन सभी नासमझ खेलों को छोड़ने का समय नहीं है जो बस रास्ते में आते हैं? चाहे तुम्हें लगता है कि वर्तमान के संबंध में सुधार लाया जा सकता है या तुम एक नए सिरे से शुरुआत कर रहे हो, यह किताब रिश्तों के प्रति तुम्हारे दृष्टिकोण को ठीक करने के लिए डिज़ाइन की गई है। क्या तुम अपने साथी के साथ सर्वोत्तम संभव जीवन के एक मौके के लायक नहीं हो?

चार गलतियाँ

ONE TWO THREE & FOUR
1
अनदेखा करना या
बेपरवाही करना
2
हकदार
महसूस करना
3
झूठी उम्मीदें
4
झूठ और रहस्य
Gonzalo

अध्याय 2: चार गलतियाँ - चार समाधान

रिश्ते एक बड़े झटके से नहीं टूटते। जब हम ध्यान नहीं दे रहे होते हैं तो वे हर दिन थोड़ा-थोड़ा मरते जाते हैं। मैंने चार गलतियों की पहचान की है, जो दिन-ब-दिन, कोई बड़ी बात नहीं लग सकती हैं। लेकिन समय के साथ होने वाला नुकसान पार्ट्नरशिप को तबाह करने के लिए काफी हो सकता है।

गहराई में जाने से पहले हर एक गलती का अवलोकन यहाँ दिया गया है:

1. अपने साथी को अनदेखा करना और उनके प्रति बेपरवाही दिखाना

जब ज़्यादातर लोग जानते हैं या स्वीकार करना पसंद करते हैं, ऐसा तब ज़्यादा होता है। अपने साथी को अनदेखा करना तब तक सूक्ष्म रूप से शुरू हो जाता है जब तक कि वह खतरनाक न हो जाए, लापरवाही से भूल जाना कि तुम्हारे साथी को साहचर्य, संचार, अंतरंगता, प्यार और तुम्हारी उपस्थिति की ज़रूरत है।

यह कैसा दिखता है? तुम लंबे दिन और सप्ताहांत में काम कर रहे होते हो, और तुम्हारे साथी कहते है, "चलो रात के खाने के लिए बाहर जाते हैं।" तुम कहते हो कि तुम थक गए हो और बस आराम करना चाहते हो। फिर तुम्हारा दोस्त तुम्हें फोन करता है और कहता है कि उसके पास एक गेम के दो टिकिट हैं। फिर तुम तुम्हारे साथी को बताते हो कि तुम्हें आराम करने की जरूरत है, इसलिए तुम गेम में जा रहे हो। यहाँ तुम तुम्हारे साथ रहने की अपने साथी की जरूरत को अनदेखा कर रहे हो।

2. हकदारी का एक रवैया

क्या तुम्हें लगता है कि तुम विशेष व्यवहार किए जाने के हकदार हो या कुछ जिम्मेदारियों से मुक्त हो? क्या नियम सभी पर लागू होते हैं लेकिन तुम पर नहीं? हकदारी का रवैया कुछ क्षेत्रों में प्रतिस्पर्धात्मक हो सकता है, लेकिन यह तुम्हारे साथी के साथ एक मजबूत बंधन को मार भी सकता है।

यह कैसा दिखता है? तुम्हारे साथी किराने का सामान लाते है, रात का खाना बनाते है, बर्तन साफ करते है और तुमसे कचरा बाहर निकालने के लिए कहते है। और तुम भूल जाते हो। तुम्हारे पास करने के लिए अन्य काम है। तुम व्यस्त हो (टीवी देखने में, दौड़ने जाने में, दोस्तों से बात करने में, अपने सोशल मीडिया फीड्स देखने में)। क्या कोई और नहीं कर सकता? वह हकदारी है। क्या तुम देख सकते हो कि यह एक असल समस्या क्यों है?

3. झूठी उम्मीदें निर्धारित करना

ऐसी उम्मीदें निर्धारित करना जो बाद में टूट जाती हैं, केवल तुम्हारे साथी को निराश और भूले हुए महसूस करा सकती हैं। यह अपने आप से झूठ बोलने का एक तरीका है कि तुम वास्तव में क्या करना चाहते हो या रिश्ते में रहना चाहते हो। अगर तुम लगातार बाईमान रहे हो, तो तुम्हारे साथी को तुम्हारी बातों पर कभी भरोसा क्यों करना चाहिए?

यह कैसा दिखता है? तुम कहते हो, "मैं एक घंटे में घर आ जाऊंगा" और तीन घंटे बाद आते हो। चाहे बहाना (और हम जानते हैं कि तुम्हारे पास एक बहाना है) सही हो या असंतोषजनक हो, तुमने फिर भी एक उम्मीद निर्धारित की और फिर उसे तोड़ दिया है। या तुमने कहा, "मैं इस सप्ताह के अंत में बच्चों के कमरे को कलर कर दूंगा," और छह महीने बाद भी गैरेज में पेंट के डिब्बे पड़े हैं। यह पार्टनरशिप नहीं है; तुम एक बुरे रूममेट में बदल गए हो।

4. झूठ बोलना और बातें छुपाना

सफेद झूठ और छोटी बातें छिपाना अच्छे रिश्तों के लिए जहर की तरह हैं। वे तुम्हारे साथी के साथ इतनी बड़ी बात क्यों हैं? क्योंकि तुम्हारे साथी तुम पर विश्वास करते है। तुम्हें केवल उन्हीं के साथ पूरी तरह से ईमानदार होना चाहिए और उन्हें सब कुछ बताना चाहिए। (यहाँ तक कि अदालतें भी ऐसा ही सोचती हैं, क्योंकि कई राज्यों में तुम अपने साथी के खिलाफ गवाही देने से मुक्त हो।) झूठ बोलना और बातें छिपाना एक बड़ी बात है, क्योंकि यह शक के उस दरवाजे को खोलता है जो संदेह और भय को बढ़ावा देते है। तुम कितने अन्य झूठ बोलते आए हो या बातें छिपाते आए हो? क्या वे एक के ऊपर एक बढ़ते जा रहे हैं, जिससे परेशानी पैदा हो रही है? इस चिंता के केंद्र में एक साथी का डर है कि जिस इंसान से वे प्यार करते हैं वह किसी ऐसे इनसान में बदल गया है जिसे वे अब नहीं जानते हैं।

यह कैसा दिखता है? परिवार का एक सदस्य तुमसे पैसे मांगता रहता है, और तुम और तुम्हारे साथी इस बात से सहमत हो कि तुम्हारे पास उसे कुछ भी देने के पैसे नहीं हैं। फिर तुम्हें एक दिन फोन आता है, और यह तुम्हारे परिवार का वह सदस्य है जो तुमसे आखिरी बार मदद मांग रहा है। यह ज्यादा पैसों की बात नहीं है, तो कोई बड़ी बात नहीं है, है ना? तुम उसे पैसे दे देते हो, लेकिन तुम अपने साथी को नहीं बताते हो। कुछ हफ़्ते बीत जाते हैं, तुम्हारे साथी को पता चल जाता है, और वे बहुत नाराज़ हो जाते हैं।

अब, आइए इन चार गलतियों की वास्तविक जटिलताओं और प्रभावों का पता लगाएं और यह जानें की वे तुम्हारी पार्टनरशिप को कैसे प्रभावित करती हैं। यह एक पार्टनरशिप का रोलरकोस्टर है, और तुम देखोगे कि यह गलतियाँ इतनी कठिन परेशानियों का कारण क्यों बन सकती हैं।

अपने साथी को अनदेखा करना और उनके प्रति बेपरवाही दिखाना
घर के काम मेरा नहीं है
मेरी ज़रूरते पूरी नही हो रही है
मै ओवरलेड हूँ
काम पर,
तुम इसे कर लो
तुम चाहते हो कि मै गाड़ी ठीक कर दूँ
क्या तुम वाकई मे मुझ
प्यार करते हो
Gonzalo

गलती 1: अपने साथी को अनदेखा करना और उनके प्रति बेपरवाही दिखाना

जब एक साथी महसूस करते हैं कि उन्हें अनदेखा किया जा रहा है, उनकी ज़रूरतें पूरी नहीं हो रही हैं। क्या यह बहुत अच्छा नहीं होगा अगर तुम्हारे साथी को हमेशा मूल्यवान और जरूरत महसूस हो? मेरा मतलब "ज़रूरतमंद" नहीं है क्योंकि वे जीवन में तुम्हारा ख्याल रखते हैं। मेरा मतलब ज़रूरतमन्द है क्योंकि तुम उनकी परेशानियों को सुनते हो। मेरा मतलब है कि तुम्हारा साथी जानता है कि तुम उनके बारे में पागल हो - वो न केवल ज़रूरतमन्द महसूस करें बल्कि ऐसा महसूस करते हैं जैसे कि तुम उनके साथ हमेशा हो। एक साथी जो महसूस करते है कि तुम्हारी जिंदगी उनके इर्द-गिर्द घूमता है, वे कभी भी अनदेखा महसूस नहीं करेंगे। दूसरे शब्दों में, तुम्हारे साथी प्यार और सराहना महसूस करते है, और तुम उनके लिए तुम्हारा प्यार और समर्थन दिखाते हो।

दैनिक जीवन में बहुत सारे मुद्दे सामने आते हैं - परिवार, दोस्तों, स्वास्थ्य, शौक, खेल, बच्चों, काम से निपटने से जुड़े हुए... अगर इन्हें संभालने के लिए एक साथी पर छोड़ दिया जाए, तो उन गतिविधियों में लगने वाला समय और ध्यान दूसरे साथी को अनदेखा महसूस करा सकता है। लेकिन कोई गलती न करें: वह अनदेखा पन तुम्हारे द्वारा चुने गए विकल्पों से आता है, चाहे तुम बहुत अधिक या बहुत कम चुनते हो। अंतिम परिणाम यह होगा कि तुम्हारा समय और ध्यान तुम्हारे साथी के साथ संतुलित तरीके से शेयर नहीं किया जाएगा। तब ऐसा प्रतीत होगा कि तुम्हें लगता है कि तुम्हारा समय उन चीजों से निपटने से ज्यादा महत्वपूर्ण है जिनके बारे में तुम्हारे साथी परवाह करते हैं। वे तुम्हारी प्राथमिकताओं को नहीं समझते हैं। तुम उनकी बात नहीं समझते हो। क्या तुमने कभी खुद को यह सोचते हुए सुना है, यह इतनी बड़ी बात क्यों है? वे इसे क्यों नहीं संभाल सकते? यह रवैया अनदेखा करने का पहला कदम है।

याद रखें- रिश्ते में अनदेखा पन हो सकता है, लेकिन यह उन विकल्पों से आता है जो तुम हर दिन चुनते हो। अगर तुमने उन विकल्पों को चुना है, तो उन पर फिर से सोचने का समय है।

अनदेखापन कैसा दिखता है?
जब परिवार की बात आती है, तो क्या तुम अपने साथी के साथ असहमति पर अपने परिवार का पक्ष लेते हो? जब छुट्टियों और कार्यक्रमों की बात आती है, तो क्या तुम अपने साथी पर उन चीजों के लिए ज़ोर डालते हो जो वे नहीं करना चाहते हैं, ताकि तुम अपने परिवार को संतुष्ट कर सको? क्या तुम अक्सर पारिवारिक मुद्दों पर अपने साथी के साथ मतभेद में रहते हो और सोचते हो कि तुम्हारा साथी इसे जितना मुश्किल हो सकता है उससे कहीं अधिक मुश्किल बना देता है? क्या तुम अपने साथी से ज़्यादा अपने परिवार के साथ समय बिताते हो? अगर तुम ऐसा करते हो, तो यह अनदेखापन है।

दोस्तों के बारे में क्या खयाल है? क्या तुम अपने साथी के बारे में जरूरत से ज्यादा जानकारी दोस्तों के साथ शेयर करते हो? क्या तुम्हारे दोस्त तुम्हारे साथी से ज्यादा ग्रस्त हैं? क्या तुम्हें लगता है कि जरूरत के समय तुम्हारे दोस्त ही तुम्हारा आखरी सहारा हैं? क्या तुम्हारे साथी तुम पर अपने दोस्तों के साथ बहुत अधिक पैसे बिताने का आरोप लगाते है? अगर इनमें से कोई भी मामला है, तो यह उन्हें अनदेखा करने का मामला है।

जब शौक, वीडियो गेम, फंतासी फुटबॉल और खेल की बात आती है, तो क्या तुम खुद को अपने साथी से यह कहते पाते हो, "मुझे बस थोड़ा और समय चाहिए?" यह बहुत अच्छा है अगर तुम्हारा साथी भी इन गतिविधियों में शामिल है, लेकिन उस साथी के बारे में क्या जो शामिल नहीं है? क्या तुम्हारा सारा खाली समय इन गतिविधियों से जुड़ा है? रविवार की सुबह, क्या तुम अपने साथी को कॉफी या नाश्ता देते हो? या क्या तुम टीवी के सामने अपने पसंदीदा स्पोर्ट्स चैनल को कल के स्कोर और आज के शेड्यूल को देखते हुए बिता रहे हो? क्या तुम अपनी पसंदीदा टीमों के सभी आँकड़े जानते हो लेकिन अपने साथी का जन्मदिन या सालगिरह भूल जाते हो? यह उन्हें अनदेखा करना है।

अगर तुम्हारे बच्चे हैं, तो क्या तुम अपना उचित हिस्सा करते हो? यह आश्चर्यजनक है कि कितनी बार एक ही माता-पिता हमेशा बच्चों को स्कूल छोड़कर आते हैं। तुम सोचोगे, आज कल के जमाने में और उम्र में, देखभाल करना 50/50 का काम है, लेकिन नहीं! क्या तुम स्कूल के बाद की गतिविधियों के लिए उपलब्ध हो जैसे उन्हें संगीत अभ्यास, सॉकर गेम, स्विम मीट और होमवर्क के लिए लेने जाना? तुम इन गतिविधियों पर कैसे रैंक करते हो? क्या तुम मौजूद होते हो या कभी नहीं? अगर तुम अपने मन से यह मान लेते हो कि तुम्हारे साथी ने हर समय इस सब का ध्यान रख लिया है, तो तुम अपने साथी को अनदेखा कर रहे हो।

क्या तुम अपने साथी की बात सुनने के लिए रुकते हो और अपने साथी को किसी परेशानी के समय बात करने देते हो? इसके लिए तुम्हें वास्तव में अपने व्यस्त काम से समय निकालना होगा और अपने साथी के लिए सब कुछ रोकना होगा। क्या तुम मानते हो कि तुम बहुत व्यस्त हैं, और जब तक उनके पास कहने के लिए कुछ महत्वपूर्ण नहीं है, तो वे तुम्हारे समय को बर्बाद कर रहे है? अगर तुम्हें ऐसा लगता है तो तुम अपने साथी को अनदेखा कर रहे हो।

जब काम की बात आती है, तो क्या तुम बहुत ज्यादा काम करते हो? क्या तुम्हें काम और अपने पारिवारिक जीवन के बीच सीमा निर्धारित करने में समस्या होती है? क्या तुमने कभी काम की वजह से अपने साथी के जनमदिन के डिनर पर जाने से माना कर दिया है? यह उन्हें अनदेखा करना है।

जब तुम अपने साथी के साथ घर पर होते हो, तो क्या वे तुम्हारा चड़िा हुआ रूप देखते हैं, बजाय तुम्हारे अच्छे और कहीं भी चलने को तैयार मूड देखने के? क्या तुम्हें लगता है कि सप्ताहांत आराम करने के लिए तुम्हारे लिए खाली समय है, और तुम्हें उन दनिों में परेशान नहीं कयिा जाना चाहिए? अपने आप से पूछो कि क्या तुम्हारे साथी को केवल बचा हुआ खाना खाने को मलि रहा है। अगर ऐसा है तो तुम्हारे साथी खुद को अनदेखा कयिा हुआ महसूस कर सकते है।

क्या तुम्हें लत या तनाव जैसी कोई समस्या है, या तुम पछिले सदमे से पीड़ति हैं? तुम्हारे पास अच्छे और बुरे दनि हैं, और एक व्यस्त कार्य सप्ताह के साथ अपने फैंटेसी फ़ुटबॉल या अपने शौक पर बताए गए घंटों के अलावा, तुम्हारे पास अपने साथी के लिए अधकि गुणवत्तापूर्ण समय नहीं बचाता है। अगर तुम अपनी ऊर्जा की माँगों से भरे हुए हो, तो तुम अपने साथी को अनदेखा करने लगते हो।

क्या तुम पाते हो कि तुम्हारे साथी हर समय सरि्फ गुस्से में रहते है? हो सकता है कि तुम्हारे साथी अब तुम्हारे व्यस्त काम के बीच रोमांस या अंतरंगता को उस तरह से नहीं लाते जैसा वे पहले करते थे। क्या ऐसा लगता है कि तुम्हें दंडति कयिा जा रहा है और तुम समझ नहीं पा रहे हैं कि क्यों? अगर तुम सोच रहे हैं कि तुम्हारे साथी के साथ क्या गलत है, तो इस बात को देखो कि क्या तुम उन्हें अनदेखा कर रहे हो।

इतना व्यस्त होना आसान है कि तुम अपने साथी को अनदेखा करने लग जाते हो, और तुम्हें इसके बारे में पता भी नहीं चलता है। अगर तुम ध्यान दे रहे होते, तो तुम्हें सीदे और स्पष्ट रूप से संकेत मलिते कि तुम्हारे साथी अनदेखा महसूस करते है। क्या तुमने सुना है, "कृपया अपने फोन को टेबल पर मत लेकर आओ" या "अपना लैपटॉप बस्तिर पर त लेकर आओ" या "सोने जाने का समय है - कृपया टीवी बंद कर दो" या "कृपया आज रात जल्दी घर आना, हमारी सालगरिह है" या "कृपया और मदद करो"? यह सब सुनना आसान नहीं है। वचिलति रहना और अन्य चीजों में व्यस्त रहना आसान है। कुछ देर बाद तुम्हारे साथी पूछना ही बंद कर देते है।

मुझे वश्विास करना होगा कि ज्यादातर साथी उचति होते हैं, और वे तुम्हें बहुत अधकि अक्षांश देते हैं जतिना तुम स्वीकार करना चाहते हो। लेकनि, स्पष्ट रूप से, ज्यादातर समय, तुम इतने व्यस्त हो जाते हो, तुम इस बात से अनजान हो जाते हो कि तुम कतिनी गलतियाँ कर रहे हो, अपने साथी की मांगों को रोकने लगते हो, और फरि बहाने बनाते हो।

क्या तुमने कभी सोचा है कि तुम्हारा साथी हमेशा इतने गुस्से में क्यों रहते है, और फरि वे अपना आपा खो देते हैं? ऐसा इसलिए है क्योंकि उन्होंने अब काफी सहन कर लयिा है।

केवल जब वे गुस्सा हो जाते हैं उसके बाद ही तुम अपने साथी के लिए समय निकलते हो और थोड़ी देखभाल करने लगते हो। एक बार जब संकट खत्म हो जाता है, तो तुम फिर से वही बुरी आदतों पर वापसि चले जाते हो। तो, तुम किस तरह के साथी हो? क्या तुम एक सक्रयि या निष्क्रयि साथी हो? क्या तुम अपने साथी की भावनात्मक ज़रूरतों को पूरा करते हो, और क्या तुम उनके लिए मौजूद हो? तुम कितिनी बार काम से घर आकार सोफे पर बैठ कर टीवी चालू करते हो और सब कुछ भूल जाते हो? या क्या तुम घर आकर इस बात का ख्याल रखते हो कि तुम्हारे साथी को क्या चाहिए?

यह केवल स्वाभाविक है कि तुम्हारे साथी को यह सोचने की ज़रूरत है कि तुम उनके बारे में बहुत सोचते हो, उनसे प्यार करते हो, सोचते हो कि वे अद्भुत हैं और तुम्हें उनकी ज़रूरत है। यह मानव स्वभाव है। तुम्हारे साथी ने तुम पर अपना पूरा जीवन दांव पर लगा दयिा। तुम उनकी पसंद थे। तो, क्या तुम अपने साथी की इस तरह से देखभाल करते हो जिससे यह साबित होता है कि उन्होंने सही इंसान को चुना?

अगर यह गलतयिाँ लंबे समय से चल रही हैं, तो उन्होंने रिश्ते के पतन के एक या सभी चार चरणों को ट्रगिर कयिा है। तुम इन चरणों के बारे में अगले अध्याय में जानोगे। यह चरण तुम्हारे साथी को उस इंसान से जिससे तुम पहली बार मिले थे, एक ऐसे इंसान में बदल सकते हैं जो अब तुम्हारा साथी नहीं बनना चाहते। जितना ज्यादा तुम अपने साथी की उपेक्षा करोगे और उन्हें अनदेखा करोगे, उतना ही वे अपनी भावनाओं की रक्षा के लिए बदलेंगे। इसलिए मैं कहता हूं कि तुम ही समस्या की जड़ में हो। एक बार जब तुम अपनी आँखें खोल लेते हो, तो चीजों को सही करने के लिए अपनी पसंद बदलने का समय आ गया है, या तुम एक दिन नींद से उठोगे और उस इंसान को नहीं पहचान पाओगे जिसे तुम अपना साथी कहते हो।

कदम उठाएँ: हाजिर रहें
तुम उपेक्षा की आदत को कैसे बदलोगे? छोटी-छोटी चीजों को देखो और उन्हें हर दिन करो।

सुबह की शुरुआत अपने साथी के लिए कॉफी लाकर करो। अपने साथी के लिए एक बुरे दिन को बेहतर बनाओ, जब वे घर आए तो दरवाजे पर एक गलिास वाइन के साथ उनका अभिवादन करो या, इससे भी बेहतर, रात का खाना तैयार रखो। क्या तुम जानते हो कि लोग कुत्तों से प्यार क्यों करते हैं? क्योंकि जब तुम घर आते हो, वे आमतौर पर तुम्हारा स्वागत करते हैं, उनकी पूंछ हिला कर, तुम्हें देख कर खुश होते हैं और चूमने लगते हैं। तुम्हें मेरी बात समझ आई? जब तुम घर पर होते हो, तो अपने साथी के साथ समय बिताओ!

कोई कंप्यूटर नहीं, कोई फोन नहीं, या मेसेज नहीं। अपने साथी को बताओ कि तुम उन्हें बहुत बार याद करते हो। उनके साथ अच्छा समय बिताओ, बर्तन धोने में उनकी मदद करो, हनी-डू लिस्ट बनाओ, बच्चों को उनके होमवर्क में मदद करो और टीवी देखने का समय एक साथ बिताओ। इसका मतलब है कि वे जो देखना चाहते हैं उन्हें देखने के लिए रिमोट दे देना। आमने-सामने बैठ कर बातचीत करो और साथ बैठो। उन्हें अपने दिन के बारे में बात करने दो- हर दिन में सिर्फ दस मिनट उनका मन शांत करने के लिए।

दस मिनट के टूल के लिए जो तुम्हारे साथी को प्यार, जुड़ा हुआ और संबंधित
महसूस करने में मदद करेगा,
पर जाएं।

समाधान: एक संतुलित पार्टनरशिप

तुम्हारी जिंदगी में, दोनों साथी एक समान जिम्मेदारी लेते हैं और उन्हें एक-दूसरे का समर्थन करने का सौभाग्य प्राप्त होता है। बहुत से लोगों ने व्यवसाय में टीम में काम करना सीखा है, और उन कौशलों को घर पर भी लागू किया जा सकता है।

एक प्यार भरे रिश्ते में, अपने स्वयं के तनाव से निपटने के साथ समर्थन के लिए अपने साथी के जीवन के भावनात्मक भार को वहन करने की जरूरत होती है। खूबसूरत बात यह है कि सफलता के लिए एक रिश्ता तब स्थापित होता है जब प्यार, स्नेह और समझ का आदान-प्रदान होता है। बातचीत से ही रिश्ता बनता है। बदले में, तुम्हारे साथी परेशान नहीं होते हैं, तुम्हारे साथ अधिक बेहतर संबंध बनाते हैं, और बदले में तुम्हारी जरूरतों को पूरा करने में भी मदद करते हैं। जब तुम भी प्रयास करते हो, तब तुम्हारे साथी को यह महसूस होता है कि तुम उनके साथ खड़े हो। यह एक पार्टनरशिप है। यह देने और लेने के बारे में है—सिर्फ लेने के बारे में नहीं। अपने साथी के दबावों और खुशियों को शेयर करने से अंतरंगता पैदा होगी। तुम एक संतुलित जीवन जीने के करीब पहुंचोगे। अगर इसका मतलब है कि तुम अपने शेड्यूल के कारण फैंटेसी फुटबॉल नहीं खेल सकते, या तुम्हें बच्चों के लिए दूध लेने के लिए सुबह 7 बजे भागना पड़े, या तुम्हें काम से जल्दी आना पड़े क्योंकि तुम्हारे साथी को तुम्हारी ज़रूरत है, तो ऐसा होने दो। लक्ष्य एक संतुलित पार्टनरशिप बनाना है।

हकदार
प्रिय क्या तुम मुझे एक बीयर लाकर दोगे?
मै पूरा दिन काम करता हूँ
ये तुम्हारा काम है
क्या रात का खाना तैयार है
मुझे भी आराम करने का अधिकार है

गलती 2: हकदारी का एक रवैया

समानता की परभिाषा समान होने की स्थति है, वशिष रूप से स्थति, अधकिार और अवसरों के मामलों में। तो सवाल यह है: क्या तुम अपनी पार्टनरशपि में हकदारी की भावना रखते हो? अगर तुम अपने साथी से अधकि पैसा कमाते हो, तो क्या तुम्हें लगता है कि यह तुम्हारे द्वारा कएि जाने की तुलना में तुमसे बेहतर व्यवहार कएि जाने का अधकिार देता है? क्या तुम्हें लगता है कि तुम अधकि मेहनत करते हो या तुम्हें अपने साथी से ज़्यादा ब्रेक की जरूरत है? क्या उन्हें घर आते ही एक और पूर्णकालकि नौकरी करनी पड़ती है, जो है तुम्हारी देखभाल करना?

अगर तुम्हारे साथी उन सभी महान चीजों का ध्यान रखते है जनिसे तुम प्यार करते हो और कड़ी मेहनत करते हैं, और तुम उनके लएि वैसा नहीं करते हो, तो तुम अपने साथी को हल्के में ले रहे हो। लेकनि तुम्हें अपने साथी की समान रूप से देखभाल ना करने की छूट कसिने दी?

क्या तुम्हारी पार्टनरशपि में बहस करना, तुम दोनों के सहन करने से अधकि हो रहा है? अगर ऐसा है, तो तुम्हें इस बात पर गहराई से वचिार करने की जरूरत है कि वाद-ववािद कसि बारे में हैं। क्या यह बहुत अधकि पैसा खर्च करने के बारे में है? या कभी तुम्हारे घर पर ना होने के बारे में? या तुम्हारी ओर से कभी पर्याप्त मदद ना होने के बारे में? वास्तवकिता यह है कि तुम्हें न केवल अपने काम के शेड्यूल पर बल्कि अपने साथी के शेड्यूल पर भी ध्यान देना चाहएि। अगर तुम्हारे साथी पूरे सप्ताह भर काम कर रहे है, तो तुम्हें घरेलू गतविधियिों पर अधकि ध्यान देने की जरूरत है। अगर तुम अधकि घंटे काम कर रहे हो, तो तुम्हारे साथी को भी घरेलू गतविधियिों पर अधकि ध्यान देने की जरूरत है। अगर तुम्हारे साथी का सप्ताह बहुत व्यस्त रहा हो और फरि घर आकार उन्हें ज़्यादातर काम या घर की गतविधियिाँ करनी पड़ें, तो यह उचति नहीं है। यह हकदारी है, और यह एक समस्या है और इसे रोकने की ज़रूरत है।

मान लो कि तुम परविार में मुख्य कमाने वाले हो। यह अच्छी बात है। असली सवाल यह है कि क्या तुम अपने साथी की इज्जत करते हो? क्या तुम्हें लगता है कि सभी बड़े फैसले तुम दोनों द्वारा मलि कर या एक साथ पार्टनरशपि के रूप में लएि जाते हैं? अगर तुम ही सारे फैसले लेते हो, तो इसमें समानता कहाँ है? यह नसिपक्ष कैसे है? यह कैसे हो सकता है? अगर तुम एक मनिट के लएि सोचो कि तुम्हें सभी महत्वपूर्ण फैसले लेने चाहएि, तो तुम नाराजगी से भरे साथी के साथ ज़दिगी गुज़रोगे।

अगर यह तुम्हारी स्थिति है और तुम्हें लगता है कि तुम्हारे साथी को इस से कोई परेशानी नहीं है, तो मेरे पास तुम्हारे लिए खबर है। तुम अपने आप को बेवकूफ बना रहे हो। सभी साथियों की बातों को सुना जाना चाहिए और उनका सम्मान किया जाना चाहिए। यह इस बारे में नहीं है कि तुम कितने शक्तिशाली हो या तुम कितना पैसा कमाते हो। उन्हें इस से कोई फर्क नहीं पड़ता हैं। घर पर, तुम सिर्फ एक साथी हो। वे तुम्हारा असली रूप जानते हैं। इसे सही बनाओ, और सुनिश्चित करो कि तुम्हारी पार्टनरशिप समान है।

ऐसी स्थिति के बारे में क्या उचित है जहाँ तुम्हारे साथी तुम्हारी तरह ही कड़ी मेहनत करता है, फिर भी तुम उस हकदारी के कार्ड पर दृढ़ पकड़ बनाए हुए हो? 50/50 की पार्टनरशिप कहाँ है? ऐसा लगता है कि सौदा खराब हो गया है।

हो सकता है कि तुम्हारे दिमाग में एक ही समय में दर्जनों चीजें चल रही हो। यह काम, सप्ताहांत के प्लैन, फुटबॉल, गोल्फिंग या पारिवारिक दबाव के बारे में हो सकते है। तुम इतने व्यस्त हो कि तुम्हें खिलाड़ियों के आंकड़े देखने का मौका तभी मिलता है जब तुम बाथरूम में होते हो। तुम काम से घर पहुँचते हो, और तुम केवल आराम करना चाहते हो। तुम टीवी के सामने बैठ जाते हो, अपने साथी से अपने लिए बीयर लाने के लिए कहते हो, और अपने डाउनटाइम के हकदार महसूस करते हो, बिना यह देखे कि वे भी मौजूद हैं। सच में?

कदम उठाएँ: निष्पक्ष रहें

अगली बार जब तुम घर आते हो, यह एक आदत बना लो कि सबसे पहले तुम्हें अपने अपने साथी को ढूंढ कर, उन्हें चूमना चाहिए, और कुछ अच्छा कहना चाहिए। हम सभी अच्छे दिन और बुरे दिन देखते हैं। इस बात पर ध्यान देने की आदत डालो कि तुम्हारे साथी का दिन कैसा गुजरा। अगर तुम्हें लगता है कि उनका दिन खराब था, तो उच्च स्तर की देखभाल से उन्हें अच्छा महसूस करवाओ। रात के खाने और बर्तन धोने पर ध्यान रखो और अपने साथी को सोफे पर आराम करने दो।

अपने अच्छे दिनों का इस्तेमाल करो और खाना पकाने, सफाई करने, कपड़े धोने और किराने की खरीदारी करने वाली हर चीज पर पूरा ध्यान रखो। अगर तुम नहीं जानते कि इन कार्यों को कैसे करना है, तो इसका पता लगाने के लिए YouTube पर जाओ। मुझे तुम पर विश्वास है! जब बुद्धिमान लोग कहते हैं, "मुझे नहीं पता कि डिशवॉशर या वैक्यूम क्लीनर कैसे चलाया जाता है," तो मैं दंग रह जाता हूं, जबकि वे यह दावा करते हैं कि वे अन्य हर चीज के बारे में बहुत कुछ जानते हैं। पैसा तुम्हारे साथी के दिल की चाबी नहीं है। उन्हें खास महसूस करना और उनका ध्यान देना है।

गलती 3: झूठी उम्मीदें नर्धारति करना

तुम कतिनी बार कुछ करने के लएि कहते हो और फरि उस बात को पूरा नहीं करते? क्या तुम अपने साथी से कहते हो कि तुम कुछ करोगे और फरि उसे करना भूल जाते हो? जैसे कि तुम बच्चों को स्कूल से लेकर आने की बात मानते हो और तुम फरि फोन करके अपने साथी से उन्हें लाने के लएि कहते हो क्योंकि तुम्हारा दनि इतना व्यस्त हो गया कि तुम भूल गए, और उनसे पूछते हो कि क्या वे बच्चों को लेकर आ सकते हैं? तुम्हारे साथी को कैसा महसूस होगा जब तुम उनसे कहो कि तुम रात के खाने के लएि घर पर रहोगे, लेकनि तुम्हें देर हो जाती है, बार-बार? तुम अपने साथी के दलि और दमिाग में कसि तरह के संदेह और आक्रोश पैदा कर रहे हो?

उस बात का क्या जब तुमने कहा कि तुम उस चीज़ को सँभाल लोगे लेकनि तुम भूल गए? जब तुमने वह बात कही थी, तब तुम सच में करना चाहते थे, लेकनि तुमने खुद को एक ऐसे कारण से वचिलति होने दयिा, जो तुम्हारी आवश्यकताओं को तुम्हारे द्वारा की गई प्रतबिद्धता से आगे रखता है। क्या तुम्हें लगता है कि यह तुम्हारे साथी को आशा की झूठी भावना दे सकता है? तुम्हारे साथी को कैसा महसूस होगा? नराश? दुखी? गुस्सा? या भयभीत? क्या उन्हें लगता है कि तुमने पूरी तरह से झूठ बोला, उन्हें धोखा दयिा या उनके साथ वश्विासघात कयिा? क्या वे तुम्हारी कसिी बात पर वश्विास करते हैं? इसमें मेरी मदद करो: उन्हें कैसा महसूस करना चाहएि? तुम्हें कैसा महसूस होगा?

वे सभी बार जब तुमने अपनी बातों का पालन नहीं कयिा, तुम्हारे साथी को अकेलापन महसूस करा सकते हैं। तुम जो कुछ भी कर रहे थे, वह तुम्हारे वचन को पूरा करने से कहीं अधकि महत्वपूर्ण था। रश्तिों में जहाँ एक इंसान घर में देखभाल करने वाला होता हैं, यह क्रोध या ईर्ष्या को पैदा कर सकता है। ऐसा लगता है कि तुम अभी भी अपने समय के प्रभारी हो, बाहर जा रहे हो और अभी भी वे चीजें कर रहे हो जो करना तुम्हें पसंद हैं। इस बीच, उनका जीवन परविार खुश रहे यह सुनश्चिति करने में नकिल जाता है, उनके पास अपने लएि, खुशी का समय या दोस्तों के साथ बताने के लएि बलि्कुल कम या कोई समय नहीं रहता?

यह इस में बदल जाता है: क्या तुम्हारे साथी तुम्हारी पार्टनरशपि में सुरक्षति महसूस करते है? क्या तुम उन्हें यह महसूस करने का कारण देते हो कि तुम्हारी जदिंगी में कुछ और हो रहा है जो कि उनसे ज्यादा महत्वपूर्ण है? अगर तुम्हारे साथी समय के साथ तुमसे अलग महसूस करते है, तो वे एक ऐसे साथी में बदल सकते हैं जसि तुम अब नहीं जानते। वह मज़ेदार, प्यार करने वाले और देखभाल करने वाले साथी जसि तुम प्यार करते हो, वह इमारत से जा चुके होंगे। उन्होंने तुम्हारे लएि जो प्यार महसूस कयिा, वह खुद को दुखी होने से बचाने की जरूरत के कारण उन्होंने दबा दयिा है।

इस तरह के व्यवहार से साथी की आत्म छवि पर गहरा असर पड़ता है। एक इंसान जो ऐसा महसूस करते हैं कि उनसे कोई प्यार नहीं करता, वे खुद को खो सकते है, क्योंकि तुम उनके वजन या दिखने पर या इस बात पर कि वे कभी भी अपना ख्याल नहीं रखते हैं, एक लाइन वाले ताने मारते हो जिसकी वजह से उनकी बुरी आत्म छवि को बढ़ावा मिलता हैं। वे बूढ़े महसूस कर सकते हैं और उतने सुंदर नहीं हैं जितने वे पहले हुआ करते थे। यह जानते हुए कि तुम दिन के दौरान युवा, आकर्षक लोगों के साथ काम कर रहे हो, यह बस इस सब को और भी खराब कर देता है।

क्या तुम्हें लगता है कि तुम्हारे द्वारा अपने साथी के लिए की गई झूठी उम्मीदें उनके भावनात्मक स्वास्थ्य को प्रभावित कर सकती हैं? घसीटे जाने के बजाय, उन्हें तुम्हारे आश्वासन, स्वीकृति और प्रोत्साहन के साथ फिर से प्यार महसूस करने की ज़रूरत है। क्या तुम्हारे साथी उस अवस्था में पहुँच गए है जहाँ वे अब उतना गुस्सा नहीं होते, क्योंकि वे जानते हैं कि वे तुम पर भरोसा नहीं कर सकते? क्या वे मानते हैं कि किसी कार्य या गतिविधि को स्वयं करना आसान है और तुम्हें शामिल भी नहीं करना अच्छा रहेगा?

सुरक्षा की भावना खोने वाले साथी के लिए एक परिणाम यह है कि वजन बढ़ना, तनाव और कम आत्म छवि जैसी स्वास्थ्य समस्याएं सामने आ सकती हैं। वे कसरत करने, दौड़ने या योग कक्षा लेने, या स्वस्थ खाने की योजना बनाने के लिए अपनी प्रेरणा खो देते हैं, और अन्य तरीकों से अपना ख्याल रखना शुरू कर देते हैं।

सच तो यह है कि जब तुम तनावग्रस्त और थके हुए होते हो तो तुम्हारी मानसिक इच्छा शक्ति खत्म हो जाती है। जब तुम्हारी इच्छाशक्ति मजबूत होती है, तो तुम कुछ चीजों का विरोध करने में सक्षम होते हो क्योंकि तुम जानते हो कि यह गलत है। लेकिन जब थकावट और तनाव के कारण तुम्हारे अंदर इच्छाशक्ति की कमी होती है, तो तुम उस चीज़ केक को पूरा खा सकते हो और उसे पसंद कर सकते हो। तुम सुबह खुद से नफरत करोगे, लेकिन यही असली सौदा है। जब इच्छाशक्ति खत्म हो जाती है, तो कोई अपने आप को सँभाल नहीं पाता। तुम्हारे पास केवल उदासी में पूरी तरह से डूब जाने की इच्छा बाकी रह जाती है, क्योंकि तुम्हारे पास सही चुनाव करने की ताकत नहीं है।

कदम उठाएँ: अच्छे इंसान बनें

अपने साथी के तनाव को कम करना तुम्हारा काम है। प्रतिबद्धताएं बनाना और उनका पालन करना एक मूल जरूरत है। अगली बार जब तुम अपने साथी से कहो कि तुम गैरेज की सफाई करोगे, बच्चों के कमरे को पेंट करोगे, आँगन के डेक का काम खत्म करोगे, या कार को ठीक करवा कर आओगे, तो उस सब को पूरा करो। अपना हेडसेट चालू कर लो, गेम सुन लो, और इन सभी कामों को पूरा कर लो।

जीवन में उन सभी चीजों के बारे में सोचो जनिमें कसिी प्रकार का तनाव हो सकता है। तुम्हारे साथी को जसिसे तनाव होता है वे तुम्हें उसके बारे में क्या बता रहे है उसे सुनो। उनकी हकीकत पर सवाल मत करो। तुम्हारा काम उन पर वश्विास करना है और यह सुनश्चिति करना है कि तुम्हारे साथी के तनाव का स्तर कम से कम हो।

देखो, यह सब पहले एक खुश साथी होने के बारे में है। फरि तुम बाहर जा सकते हो और गोल्फ का एक गेम खेल सकते हो या अपने दोस्तों के साथ घूमने जा सकते हो। यह प्राथमकिताओं में बदलाव है, लेकनि अगर तुम यह बदलाव करते हो, तो तुम्हें अतरिक्ति साथी के लाभ मलिेंगे जनिके बारे में तुम शकिायत नहीं करोगे।

अब, याद रखो, जब तुम कहते हो कि तुम एक वशिष्टि समय पर घर आ वापसि आओगे, तो उस समय तक घर पर आ जाओ। अगर तुम्हें समय की परेशानी है, तो तुम्हारा एकमात्र वकिल्प जीवन को आसान या कठनि बनाना है। तुम्हें अपनी सहन शक्ति से अधकि मुद्दों से क्यों नपिटना है? अब समय आ गया है कि तुम प्रशक्षिण पहयिों से उतरो, अपने समय पर ध्यान दो और वादे के अनुसार समय से घर पहुंच जाओ।

समाधान: एक सुरक्षति पार्टनरशपि
अगर तुम एक साफ ट्रैक रकिॉर्ड बनाए रखते हो, जैसा कि तुमने वादा कयिा गया था, तो तुम्हारे साथी हमेशा खुश होंगे। तुम एक मजबूत और सुरक्षति साथी बना पाओगे। यह तुम्हें घर आने पर परणिामों की चंति कए बनिा वह करने की स्वतंत्रता देगा जो तुम करना चाहते हो।

अपने साथी के साथ करने की सूची को पूरा करके तुम जो कुछ भी अच्छा कर सकते हो, उसके बारे में सोचो। इसे उस समय के समान सोचो जैसे कि तुम काम करने में बति रहे हो, जैसे कि यह सब करने से तुम्हारे बैंक में पैसे आएंगे। तुम सद्भावना कमा रहे हो, और जतिना अधकि तुम इसे जमा करोगे, उतना ही तुम एक आभारी साथी से इसे वापस प्राप्त करोगे। अगर तुम्हारे बैंक में सद्भावना खाली है और तुम आगे बढ़ना चाहते हो, तो तुम्हारे साथी बहुत गुस्सा होंगे। लेकनि अगर तुम्हारी बैंक में सद्भावना भरी हुई है, तो जाओ मजे करो।

मैंने लोगों को यह शकियत करते सुना है कि उस अपने साथी के साथ काम की सूची को खत्म करने का कोई मतलब नहीं है, क्योंकि तुम्हारे साथी हर बार और अधकि चीज़ें जोड़ते जाएंगे। यह सच नहीं है। आमतौर पर तुम्हारे साथी उन्हीं अधूरे कामों की शकियत बार-बार करते रहेंगे। अपने साथी के साथ काम की सूची को अपने साथी के माथे पर एक स्टकिम नोट की तरह सोचें। जब तक वह कार्य पूरा नहीं हो जाता, तब तक स्टकिम वहीं रहेगा, और इसे जब तक हटाया नहीं जाएगा तब तक यह परेशान करता रहेगा। जब तुम कार्य पूरा कर लेते हो, तो यह चला जाता है। तुम अपने साथी के बातें याद करवाने को बार-बार शकियत के रूप में संदर्भति कर सकते हो। अगर तुम कहते हो कि तुम अपने साथी को कभी खुश नहीं कर सकते, तो यह झूठ है। अपने साथी के स्टकिम नोट को हटा दो, और उनकी शकियत दूर हो जाएगी।

ओह, एक संदर्भति नोट पर, तुम अपने साथी के कार्यों को पूरा कर रहे होंगे, लेकनि याद रखो कि यह तुम्हारा घर भी है। जब तुम कार्यों को पूरा कर लोगे, तो तुम भी अब अपने सुंदर घर का आनंद ले सकते हो।

आश्चर्यजनक बात यह है कि यह वास्तव में काम करने की तुलना में काम से बाहर नकिलने के बारे में सोचने और योजना बनाने में अधकि समय लगता है। दूसरे शब्दों में, जब तुम्हारे साथी को तुम्हारी सहायता चाहिए, तो तुम जो कुछ भी कर रहे हो उसे रोकने की आदत डालो; "एक मनिट में" कभी मत कहो। बस उठो और तुरंत उसे पूरा करो। जब काम पूरा हो जाए, तो तुम पहले जो कुछ भी कर रहे थे उसे वापस करने लगो। अगर तुम केवल अनुरोध कए गए कार्य को तुरंत करने की आदत बना लेते हो, तो न केवल तुम्हारे साथी खुश होंगे, बल्कि तुम खुद को वह करने में सक्षम पाओगे जो तुम करना चाहते हो। जब तुम्हारे साथी की मूल जरूरतें पूरी होंगी, तभी तुम्हारी मूल जरूरतें पूरी हो सकती हैं।

यह सलाह की "पूछो मत, बताओ मत"
पार्ट्नरशपि में एक वकिल्प नहीं है।

झूठ और रहस्य
मेरी पहली पत्नी को मदद की ज़रूरत थी इसमें क्या बड़ी बात है
मुझे पता है तुमने कहा था मेरे भाई की मदद नहीं करने के लिए लेकिन यह सिर्फ दस रुपये कि बात थी
मुझे तुमको बताना चाहिए था कि मैं ने कल रात खेल मे पैसे गंवाए दिए
मेरे पीछे का शोर काम पर रखी टीवी पर खेल का है

गलती 4: झूठ बोलना और बातें छुपाना

दो तरह के झूठ होते है: सफेद झूठ और गंभीर झूठ। सफेद झूठ आम बात है, आमतौर पर हमें थोड़ी परेशानी से दूर रखने या कसिी को अच्छा महसूस कराने के लिए कहे जाते है। सफेद झूठ को कभी-कभी मामूली झूठ भी कहा जाता है। "ट्राफकि की वजह से ऐसा हुआ," तुम कहते हो, जब तुम एक मीटगि में देर से पहुँचते हो, बजाय अपनी गलती मनाने के कि तुम ज़्यादा देर तक सो गए। "मैं काम में फंस गया था," तुम कहते हो जब तुम वास्तव में अपने दोस्तों के साथ बीयर पी रहे थे।

गंभीर, जीवन बदलने वाले झूठ या राज़ के बारे में ईमानदार होना सबसे कठनि है, क्योंकि तुम्हें डर है कि तुम्हारे साथी तुम्हें छोड़ देंगे। मैं उन चीजों के बारे में बात कर रहा हूं जो जीवन को बर्बाद कर सकती हैं, जैसे लत या दोहरा जीवन जीना। इससे कोई फर्क नहीं पड़ता कि तुम्हें लगता है कि तुम इसे कतिना अच्छे से छपिा रहे हो, तुम्हारी सच्चाई एक या दूसरे तरीके से सामने आ जाएगी। साथी सच्चाई समझने में सबसे अच्छे होते हैं। वे तुम्हें और तुम्हारी आदतों को जानते हैं। इसलिए, जब तुम्हारे व्यक्तत्वि या आदतों में कुछ बदलता है, तो इस से उन्हें एक संकेत मलिता है जसिकी वजह से एक साथी अधकि वसिंगतयिों के लिए अतसिंवेदनशील बनाते है।

प्राइवेसी गोपनीयता की धारणा से नकिटता से जुड़ी हुई है। क्या तुम्हें मत्रिों और परविार के साथ सीमा नर्धिारति करने में समस्या है? क्या तुम अपनी पार्टनरशपि के बारे में नजिी जानकारी (चाहे अच्छी हो या बुरी) शेयर करते हो और सोचते हैं कि यह ठीक है? क्या तुम अपने दोस्तों को अपने साथी के साथ अपने यौन जीवन के बारे में बताते हो? तुम्हें अपने साथी के साथ इस बारे में नयिम बनाने की जरूरत है कि तुम क्या शेयर कर सकते हो या नहीं कर सकते हैं और तुम इसे कैसे शेयर करते हो, इससे क्यातुम्हारे साथी क्या सहज महसूस करता है या नहीं। इसमें सोशल मीडयिा पर चत्रि या जानकारी पोस्ट करना शामलि है।

क्या तुम्हारी जीवनशैली तुम्हारे साथी से अलग है? क्या तुम बार में जाना पसंद करते हो, दोस्तों और परविार के साथ मेलजोल करना पसंद करते हो? अगर तुम चाहो तो क्या तुम उन्हें हर समय अपने घर बुलाओगे? क्या तुम अपने जीवन के बारे में कहानयिां बताना और हर चीज के बारे में खुलकर बताना पसंद करते हो, जबकि तुम्हारे साथी को बातें तुम दोनों के बीच रखना अधकि पसंद है?

क्या तुम अपनी उपलब्धयिों को बढ़ा-चढ़ाकर पेश करते हो? क्या तुम्हारी कहानयिों में सब कुछ वास्तवकि जीवन की तुलना में थोड़ा बड़ा और बेहतर है? जब वह अतशियोक्ति एक आदत बन जाती है, तो यह झूठ के रूप में बदल सकती है जो तुम्हारे साथी को यह सोचने पर मजबूर कर देता है कि तुम और कसि चीज़ को लेकर वास्तवकि नहीं हो।

क्या तुम खाने की टेबल पर या बिस्तर पर फोन पर मैसेज भेजते रहते हो? क्या तुम शुभ रात्री बोलने से पहले अपने साथी को किस करते हो, या एक मैसेज भेजने उके लिए उस किस को छोड़ देते हो? क्या वह बातचीत तुम सोशल मीडिया के "दोस्तों" के साथ कर रहे हो या उन "लाइक्स" को ट्रैक कर रहे हो जो उस अंतरंगता को तोड़ रहे हैं जो तुम्हें अपने साथी के लिए रखनी चाहिए?

यहीं पर नियमों, सीमाओं और रणनीतियों को स्थापित करने की जरूरत होती है। पार्टनरशिप के काम करने के लिए इन पर सहमति होने चाहिए और इनका सम्मान किया जाना चाहिए। नियम टूटे तो विश्वास भी टूटता है। सबसे अजीब चीजों में से एक बात यह समझना है कि तुम अपने साथी के साथ हमेशा के लिए रह सकते हो (या ऐसा लगता है), लेकिन इसका मतलब यह नहीं है कि तुम उन्हें स्वचालित रूप से जान लोगे। तुम उनके साथ बिना मूल्यवान समय बिताए और बिना जुड़े कभी भी यह पता नहीं लगा पाओगे कि किस चीज़ से खुशी मिलती है।

क्या ऐसा लगता है कि तुम अपने साथी के प्यार के लिए लगातार लड़ रहे हो? जब तक तुम अपने साथी के साथ संवाद नहीं कर रहे हो, तुम शायद कभी नहीं जान पाओगे कि कुछ प्रतिक्रियाएं पिछले सदमे से आती हैं। यह एक ऐसा राज़ है जिसे एक इंसान जीवित रहने के लिए छिपाए रखता है। अगर किसी के साथ बचपन में दुर्व्यवहार किया गया है, तो उन्होंने उस मुद्दे को गहराई से दबा दिया होगा। यह उनका एक राज़ भी हो सकता है। अगर उस समस्या का समाधान कभी नहीं किया गया हो, तो हो सकता है कि तुम इसे जाने बिना उसकी कीमत चुका रहे हो।

कदम उठाओ: प्रतिबद्ध रहो

इस बात को समझ लो कि तुम्हारा एक सफेद झूठ, छोटा झूठ, या सच को बढ़ा-चढ़ा कर कहते समय पकड़े जाना तुम्हारे विचार से कहीं अधिक गंभीर हो सकता है। तुम्हें बाद में पता चलेगा कि यह तुम्हारे साथी की मुख्य जरूरतों पर असर डालता है। इस से उन्हें ऐसे संकेत मिलते हैं जिस से तुम्हारी अखंडता और विश्विसनीयता पर सवाल उठते है। यह तुम्हारे साथी की बड़े झूठ से संबंधित सोच पर आधारित है, जब वे सोचेंगे कि अगर तुम किसी चोटी चीज़ के लिए झूठ बोल चुके हो, तो अन्य कौन सी बड़ी बात का झूठ है जिसे वे देख नहीं पाए हैं। पूरी सच्चाई न बताना भरोसे के पूरी तरह तोड़ सकता है। तुम्हारे साथी उम्मीद करते है और हमेशा विश्वास करना चाहेंगे कि तुम वह साथी हो जिस पर वे भरोसा कर सकते हैं और उम्मीद लगा सकते हैं। धोखेबाज होने से न सिर्फ रिश्ते की पवित्रता नष्ट होगी, बल्कि यह पार्टनरशिप को भी नष्ट कर सकता है। क्या तुम इतने बड़े हो कि यह स्वीकार कर सको कि तुम गलत थे, माफी मांग सको और गलती होने पर क्षमा मांग सको?

समाधान: एक भरोसेमंद पार्टनरशपि

सफेद झूठ राज़ रखने और उससे भी बड़े झूठ बोलने का मार्ग है। यही कारण है कि कभी-कभी एक साथी बहुत अधकि नाराज़ हो जाते हैं, और तुम्हें लगता है कि उन्होंने केवल ओवररएिक्ट कयिा है। वे वश्विास नहीं कर सकते कि तुमने सोचा था कि तुम इससे बच कर नकिाल सकते हो। तुम्हारे साथी तुम्हें जानने में माहरि बनने में बहुत समय बतिाते है। इसलएि, जब तुम झूठ बोल रहे हो, तो तुम्हारे साथी इसे समझ सकते है। वे शायद इस पर वश्विास नहीं करना चाहते या इसे संबोधति नहीं करना चाहते, लेकनि वे जानते हैं।

एक बार जब मासूम भरोसा टूट जाता है, तो यह एक गुलाब पर पंखुड़ी वापस लगाने की कोशशि करने जैसा होता है। तुम उन्हें चपिका सकते हो, लेकनि वह फूल कभी भी पहले जैसा नहीं रहेगा।

तुम्हारे साथी को जतिना अधकि संदेह होगा, उतना ही अधकि वे तुम्हें ट्रैक करेंगे और तुमसे सवाल पूछने की कोशशि करेंगे। अब उन्हें तुम्हारे फोन या ईमेल की जांच करने की आवश्यकता महसूस होंगे, तुम्हारा ठकिाना जानने की जरूरत महसूस होगी। जब तुम कसिी न कसिी कारण से अपने साथी की वश्विास की मूल जरूरत को ट्रगिर करते हो, तो बस याद रखें कि यह तुम्हारी गलती है कि वे तुम पर भरोसा नहीं कर सकते।

अगर तुम बदल जाते हो और प्रतबिद्ध बन जाते हो, तो एक ऐसा तरीका है जसिसे तुम अपने साथी के वश्विास को जल्दी से वापस ला सकते हो। यह एक खुली कतिाब होने के बारे में है, और तुम इसके बारे में अध्याय 6 में पढ़ोगे। अपने साथी को सुरक्षति महसूस कराओ। उन्हें बताओ कि तुम हर समय कहाँ हो, और उन्हें अपने फोन और पासवर्ड का इस्तेमाल करने दो। यह बात समझो कि इसमें बहुत महनत और समय लगेगा - कभी-कभी कई साल - और तुमने उस स्वतंत्रता के अपने अधकिारों को खो दयिा है जो तुम्हारे पास एक पार्टनरशपि में पहले था। यह कठनि लग सकता है, लेकनि सच्चाई तुम्हें मुक्त कर देगी!

अपना रिशाता
कसि चरण
में है

समायोजन

असामंजस्य

अनादर

स्वार्थ

46

अध्याय 3: रिश्ते के पतन के चार चरण

आरोप लगाने से पहले अपने अंदर झाँको।

तुमने वो गलतियाँ सीख ली हैं जो किसी रिश्ते को पटरी से उतार देती हैं। जब तुम अपने साथी की उपेक्षा करते हो या अनदेखा करते हो, झूठी उम्मीदें जगाते हो, अधिकारी महसूस करते हो, या झूठ बोलते हो और रहस्य रखते हो, तो तुम अपनी पार्टनरशिप को नियंत्रण से बाहर कर देते हो। समय के साथ, अगर इनमें से कोई भी गलती बुरी आदत बन जाती है, तो वे तुम्हारी साथी को अधिक से अधिक आहत और निराश होने से खुद को बचाने के लिए मजबूर कर देती है।

तुम्हारे साथी को अपनी पवित्रता बनाए रखने के लिए, अपनी रक्षा करनी पड़ती है। यह एक स्वचालित ट्रिगर है जो तब बंद हो जाता है जब तुम्हारे साथी को लगता है कि कोई रास्ता नहीं है। इसके बारे में सोचने के दो तरीके यहाँ दिए गए हैं:

पहला रूपक स्विच को फ्लिप करना है। माता-पिता बच्चों के साथ स्विच फ़्लिप करने में मास्टर बन जाते हैं। जब बच्चे मांग करते हैं या चिल्लाते हैं, तो माता-पिता स्विच फ्लिप करना सीख जाते हैं (या पागल हो जाते हैं)। स्विच फ्लिप करके, तुम पागलपन को अनदेखा करने का तरीका ढूंढ लेते हो ताकि तुम अपनी मानसिक स्वास्थ्य बनाए रख सको।

दूसरा रूपक ईंट की दीवार है। हर बार जब कोई वादा टूटता है, तो तुम्हारे साथी अपनी दीवार पर ईंट लगाकर अपनी निराशा की रक्षा करते हैं। दीवार पर जितनी अधिक ईंटें होंगी, असफल उम्मीदों से वे उतना ही कम आहत होंगे।

तुम अपने साथी को तुम्हारी बकवास से डिस्कनेक्ट करने के लिए स्विच फ्लिप करते हुए देख सकते हो। जब घर में इतनी सारी चीजें उपेक्षित की जाती हैं। या जब तुम लगातार शिकायत कर रहे होते हो कि तुम दोस्तों के साथ पर्याप्त समय नहीं बिता पा रहे हो या तुम्हारे पास खेलने के लिए पर्याप्त समय नहीं है।
जब तुम कहते हो कि तुम कुछ करोगे और नहीं करते हो, तो तुम्हारे साथी अपनी दीवार पर एक ईंट जोड़ देते हैं। दीवार जितनी ऊंची होगी, वे तुम पर उतना ही कम भरोसा करेंगे जब तुम कुछ करने के लिए कहोगे। अगर तुम ध्यान दोगे, तो तुम्हारे साथी के चेहरे पर मायूसी या निराशा का वह क्षण होता है जब एक ईंट ऊपर चली जाती है।

मैं अब तुम्हारे सवाल का जवाब दे सकता हूँ: अगर तुम्हारे साथी तुम्हारे साथ इतना दुखी है, तो वे तुम्हारे साथ क्यों रहेंगे? सबसे पहले, उन्होंने अपना मानसिक स्वास्थ्य बनाए रखने के लिए अपना स्विच बंद कर दिया है। दूसरा, वे अपनी दीवारों के पीछे सुरक्षित महसूस करते हैं।

जब कोई रश्ति‌ा वास्तवकि जीवन के मुद्दों से तनावग्रस्त और अतभिारति होता है, तो यह पार्टनरशपि में लड़ाई और डसि्कनेक्ट का कारण बन सकता है। यह तब होता है जब तुम्हारी खुशी और खुशहाल जीवन एक मुद्दा बन जाता है। जब रश्तिा अच्छा होता है तो आमतौर पर बुरी आदतों को बर्दाश्त कयिा जा सकता है। रश्तिा टूटने पर कोई भी बुरी आदत तुम्हारे साथी को तेजी से परेशान करने लगेगी। जब तुम्हारे साथी जबरदस्ती कुछ करने के लिए कह रहे हो, तो क्या तुम नयिंत्रति महसूस करने लगते हो? मानो जो तुम चाहते हो उसे करने की स्वतंत्रता लगभग खो चुके हो? उस स्थतिि में, पार्टनरशपि पर कर लगाया जाता है जहाँ तुम्हारे साथी नयिंत्रण से बाहर महसूस करते हैं।

अच्छी खबर यह है कि तुम्हारे साथी यह वश्विास करना चाहते हैं कि उन्होंने तुम्हें चुनने में कोई गलती नहीं की। वे इस उम्मीद पर कायम हैं कि जो भावनात्मक संबंध खत्म हो गया है, उसे शानदार अंदाज में फरि से जगाया जा सकता है।

तुम्हें कई तरह से संबंध बनाए रखने चाहिए, जैसे तुम अपने वाहन में गैस टैंक रखते हो। जब तुम अपना टैंक भरते हो, तो उस संतुष्टि के बारे में सोचें जो तुम्हें ड्राइवर की सीट पर बैठने पर मलिती है। तुम अपने ईंधन गेज को देखते हो कि सुई "एफ" पर पूरी तरह से मँडरा रही है, जो यह दर्शाता है कि अब तुम जा सकते हो। आगे क्या होगा? टैंक को भरने की चतिा अब खत्म हुई। अब तुम अधकि दबाव वाले मामलों की देखभाल करने पर ध्यान केंद्रति कर सकते हो। सही? फरि भी, ऐसा लगा कि बलि्कुल कम समय में, तुम अंततः नीचे देखते हो कि तुम खतरनाक रूप से "ई" नशिान के करीब हो। तुमने हर दनि तुम्हारे चेहरे के सामने होने वाली कसिी चीज़ के बारे में जागरूक होने की उपेक्षा की। लगभग हर बार तुम्हारी क्या प्रतक्रियिा होती है? तुम अपना सरि हलिाकर पूछते हो, "उस सारी गैस का क्या हुआ?" जाना पहचाना लग रहा है?

आइए हम उसी रूपक को एक रश्ति‌े पर लागू करें। एक गैस टैंक की तरह, एक रश्ति‌े के अपने क्षण होते हैं, जब साथी के रूप में, तुम अपने साथी को खुश करने के लिए पूरा प्रयास करते हो। हालाँकि, खाली गैस टैंक की तरह, क्या तुम उस प्रयास को केवल तब आगे बढ़ा रहे हो जब तुम्हें लगता है कि संबंध "ई" पर है? क्या तुम अपने साथी को सच्चा प्यार और स्नेह दखिाने से पहले हर साल एक ही समय पर जोड़ों के लिए उन महत्वपूर्ण कैलेंडर तथियिों की प्रतीक्षा करते हो? जन्मदनि, वेलेंटाइन डे, क्रसिमस, वर्षगाँठ ... ध्यान देने के लिए यह दनि तो नयित हैं ही, लेकनि वर्ष के हर दूसरे दनि तुम क्या प्रयास करते हो अपने साथी को यह दखिाने के लिए कि वे वशिेष हैं?

लेकनि रुकिए—अपना सारा प्रयास उपहार खरीदने जैसी पूर्वानुमेय चीजों में न लगाएं। अगर तुम सोच रहे हो, "ठीक है, अब मैं अगले मौके तक फ्री हूँ," तो तुम इस बात से चूक गए हो। क्या? कब से एक कैलेंडर पूरी तरह से तय करता है कि तुम्हें अपने साथी की खुशी में कब नविेश करना चाहिए?

क्या होगा अगर तुमने हर बार अपने गैस टैंक आधा भरा हुआ देखा और उसे भरने की आदत बना ली? ज़रूरत की चीज़ों को करने के लिए तुम्हारे पास हमेशा पर्याप्त ईंधन होगा, और तुम्हारी कार को कभी भी कमी नहीं पड़ेगी। इसी तरह, अगर तुम अपने रिश्ते के "टैंक" को लगातार भरते रहे तो क्या होगा? क्यों न हर हफ्ते अपने रिश्ते में प्यार और स्नेह के उन छोटे-छोटे संकेतों को इधर-उधर डालें? क्यों न इसे हर दिन करें?

बस उस ईंधन गेज संबंध के प्रति प्रतिदिन सचेत रहना, तुम्हें तदनुसार प्रतिक्रिया दे सकता है। कैसे करें? तारीफ, आलिंगन, और अपने साथी को चुंबन दो जब वे जागे, सुबह में उनके लिए कॉफी बनाएँ, और उन्हें बताएँ कि तुम उन्हें कितना प्यार करते हो। जब तुम्हारे साथी घर आए, तो रात का खाना तैयार रखें या एक लंबे दिन के बाद अपने साथी को एक गिलास वाइन के साथ दरवाजे पर लेने आएँ। बच्चों के लिए एक सिटर लाएँ, और अपने साथी को डेट पर ले जाएँ। उनके लिए दरवाजा खोलना न भूलें।

याद रखें, हर भाव के लिए भव्य प्रदर्शन की जरूरत नहीं होती है। बस अपने साथी को यह दिखाने की जरूरत है कि तुम उनके और उनकी खुशी के बारे में सोच रहे हो। यह छोटी चीजें हैं जो मायने रखती हैं।

मैं जानता हूँ, मैं जानता हूँ। तुम्हारी एक लाख चीजें चल रही हैं, और कभी-कभी तुम अपने रिश्ते को खराब होने देते हो। होता है। कई परिस्थितियां वास्तव में किसी की गलती नहीं होती हैं। ज़िंदगी में ऐसा होता है। लेकिन यह तुम्हारी गलती बन जाती है जब तुम इसे बहुत दूर जाने देते हो और अपने रिश्ते को अपनी प्राथमिकताओं की सूची में सबसे ऊपर रखने की उपेक्षा करते हो। इस तरह तुम लव टैंक को फुल रखते हो। जब तुम आश्वस्त होते हो कि तुम्हारी पार्टनरशिप अच्छी जगह पर है, तो वे सारे बाहरी दायित्व बहुत कम तनावपूर्ण हो जाते हैं।

अगर रिश्ता अब तक के सबसे निचले स्तर पर पहुंच गया है, लेकिन तुम अभी भी इसे चाहते हो, तो ऐसे तरीके हैं जिनसे तुम इसे बदल सकते हैं। इसकी शुरुआत अपने आप से होती है। दूसरों को दोष देने से पहले भीतर की ओर देखो। तुम अपने रिश्ते को असंगत नहीं होने दे सकते!

यह निर्णय लेना शुरू करना मानव स्वभाव है कि तुम अपने साथी में कितने निहित हो और वे तुम्हारे साथ कितने हैं। जब तुम्हारे साथी डिस्कनेक्ट महसूस करते हैं, तो यह पार्टनरशिप के बदतर होने की शुरुवात हो रही है। यह एक स्वचालित सर्वाइवल मोड है और यह उतना ही सरल है जितना कि तुम्हारे पार्टनर अपनी अपेक्षाओं को रीसेट कर रहे हैं। यह रीसेट उन चार चरणों को ट्रिगर करता है जिनसे तुम्हारे साथी तुम्हारी पार्टनरशिप को जीवित रखने के लिए गुजरेंगे, भले ही जब वह घट रही हो।

चरण 1. समायोजन
चरण 2. स्वार्थ
स्टेज 3. अनादर
चरण 4. असामंजस्य

एक आदर्श पार्टनरशपि
दो अपूर्ण लोगों के बीच पाई जाती है
जो एक दूसरे को छोड़ने से इनकार करते
हैं।

समायोजन

प्रिय मै इसे कल कर दूँगा, मै वादा करता हूँ
मै तुम पर भरोसा नहीं कर सकता
कवच
तेज़
ऑन
ऑफ
सुरक्षा का चरण
संशोधित व्यवहार
मेरा मानसिक
स्वास्थ्य बनाए रखन
GONZALO

चरण 1: समायोजन

समायोजन चरण तब होता है जब तुम्हारे साथी तुम्हारी मदद लेने के लिए तुम पर भरोसा नहीं कर सकते हैं। वे अपनी अपेक्षाओं को संशोधति करते हैं और चीजों का स्वयं ध्यान रखना शुरू करते हैं। एक समस्या कसिी रशि्ते को खराब नहीं करेगी, लेकनि अगर वो एक पैटर्न बन जाती हैं, तो यह छोटी-छोटी चीजें अधकि महत्वपूरण मुद्दों में बदल जाती हैं।

जंगल में आग यूं ही नहीं लगती; हमेशा इसे भड़काने वाला कुछ होता है। एक बार चगिारी के जलने के बाद यह तेजी से फैल सकती है। तुम्हारी जदिंगी में उस प्रज्वलन के नरिंतर पुन: प्रकट होने से यह उग्र बहस शुरू होते हैं, जसिसे तुम्हारे साथी को पार्टनरशपि में समायोजन करने के लिए मजबूर होना पड़ता है। छोटी-छोटी बातों के लिए अपने साथी के अनुरोधों का ध्यान रखने के लिए मेहनत करना जरूरी है। स्मोकी द बीयर ने बहुत अच्छा कहा है: "केवल तुम ही जंगल की आग को रोक सकते हो।" और अगर तुम खराब रशि्ते की आदतों के पैटर्न में पड़ गए हो, तो केवल तुम ही अपने रशि्ते को ऊपर धुएं में जाने से रोक सकते हो।

समायोजन का दूसरा रूप तुम्हें दूर कर रहा है। तुम्हारा साथी स्वचि को फ़्लपि करके (रोमांस की सुनवाई, दृष्टि और इच्छा) को बंद कर सकता है। तुम्हारे साथी के पास यह टूल है। अगर तुम्हारे बच्चे हैं, तो तुम्हारे साथी ने शायद इसे पहले ही नपिुण कर लयिा है। यह एक शांत रहने का तंत्र है जो उन्हें फटने से रोकता है।

स्वचि, एक जीवति रहने का तंत्र हो सकता है, लेकनि यह छल-कपट जैसा महसूस होता है। जब तुम्हारे साथी को चोट लगती है, तो वे या तो जाने-अनजाने झगड़ा कर देते हैं, आमतौर पर इसलिए कि उन्हें आत्मरक्षा की जरूरत महसूस होती है। अगर तुम्हारे साथी को गलत महसूस होता है, तो वे तुम्हारी पसंद की चीज़ों को बंद करने के लिए बहुत इच्छुक हो जाते हैं, जैसे कि तुम्हें लाइन पर लाने के लिए इंटमैसी का लाभ उठाना। इसके अलावा, तुम्हारे साथी पूरी तरह से भावनात्मक और शारीरकि रूप से दूर चले जाते हैं।

स्वार्थी
मैं तुम्हें कभी खुश नहीं कर सकता
रिश्ते की समस्या
बातचीत के मुद्दे
गुस्सा
हर कोई अपने लिए है
रिश्ते की समस्या
अपराध बोध

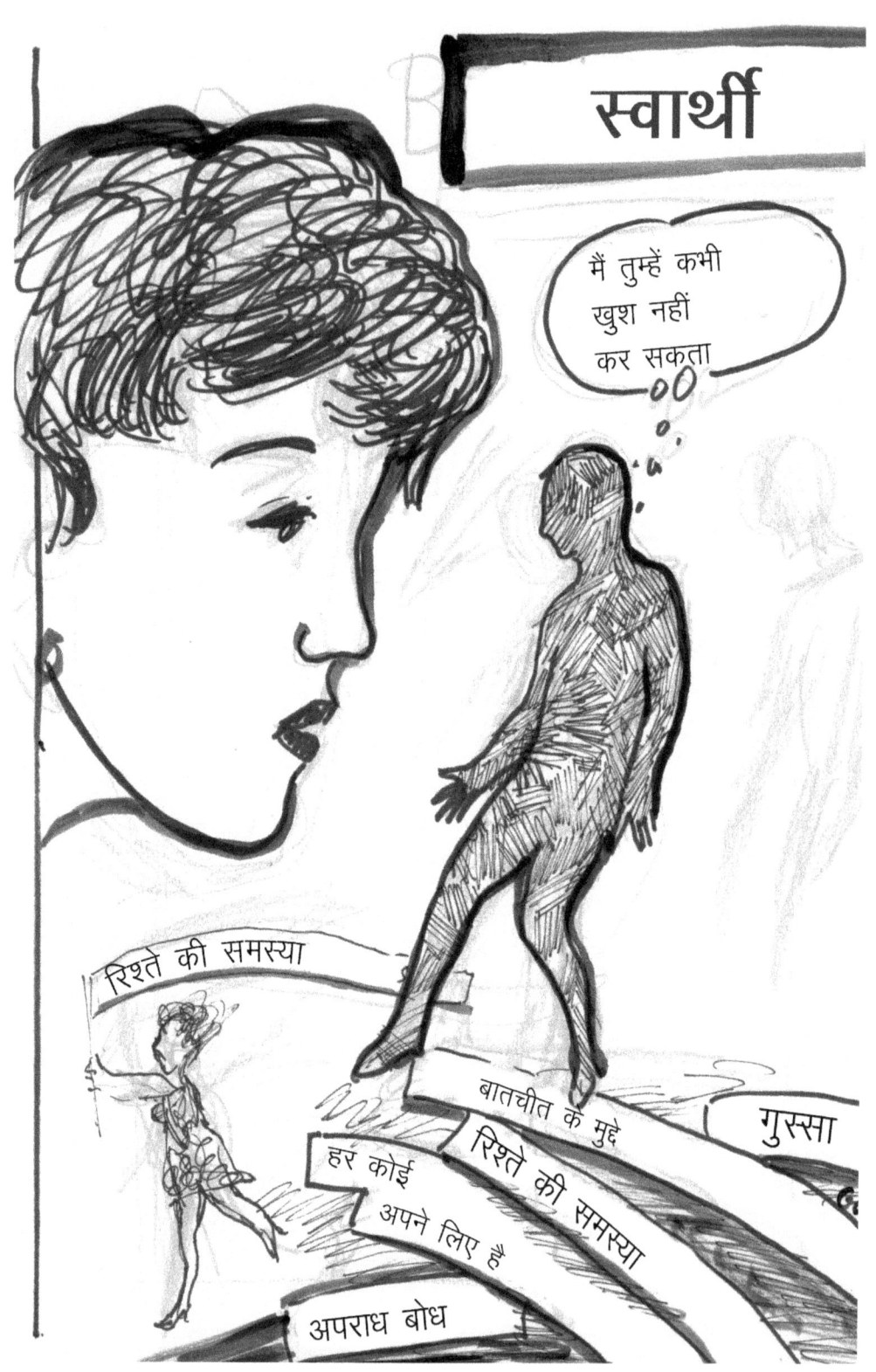

चरण 2: स्वार्थ

स्वार्थ की अवस्था को "हर कोई खुद के लिए अवस्था" भी कहा जा सकता है। तुम्हारी संघर्षशील प्रयितमा नयिंत्रण हासलि करने के प्रयास में समस्याओं को ठीक करने का प्रयास करती है। वनिम्र अनुरोध अब पूर्व नर्धिारति परणिामों के साथ-साथ मांग बन गया है- यहाँ तक कि अल्टीमेटम भी। यह वह चरण है जहाँ तुम सोचना शुरू करते हो, मैं तुम्हें कभी खुश नहीं कर सकता/सकती हूँ।

तुम इन जैब्स को जानते हो। "इस थैंक्सगविगि में हमारे पास तुम्हारे परविार के घर जाने का समय नहीं है, इसलए हम केवल मेरे परविार के पास जा रहे हैं।" प्रतशिोध बढ़ने लगता है और तुम्हें परेशानी होना शुरू होने लगती है। यह वास्तव में तुम्हारे व्यवहार के परणिामों को समझने का एक तरीका है।

ऐसा लगता है कि तुम्हारा साथी पागल हो रहा है, और तुम समझ नहीं पा रहे हैं कि क्यों। वे तुम्हारे पास सूक्ष्म (या इतनी सूक्ष्म नहीं) शत्रुता के साथ आते हैं। तुम अपने साथी की जरूरतों को पूरा करने की कोशशि करते हो, लेकनि वे या तो तुम्हारे पास बहुत सी चीजें लेकर आते हैं या बस अलग हो जाते हैं और उन्हें तुम्हारी मदद की कोई जरूरत नहीं होती है। अब उन्हें कोई भाता नहीं है, और तुम्हें लगता है कि तुम्हारा साथी अनुचति और अववििकी है। तुम्हारी दनि-प्रतदिनि की दनिचर्या यह अनुमान लगाने की कोशशि में बीतती है कि तुम अगले दनि जागने के बाद कौन बनने वाले हो: हल्क या बैनस्टिर? ग्लडिा द गुड वचि या उसकी दुष्ट बहन?

अब तुम क्या करोगे? अपने साथी पर प्रतक्रियिा देते हुए, तुम मानसकि और शारीरकि रूप से दूर जाने लगते हो। अब तुम और तुम्हारा साथी दोनों अलग हो चुके हैं। यह जीवति रहने की एक रणनीति है। अलग रहना और अकेला रहना, थका हुआ रहना और नरिंतर कलह करना जैसी दो कमयिों की तुलना में पहला कम लगता है। जब बातचीत पूरी तरह से टूट जाती है, तो वास्तव में लंबा नुकसान होता है।

अनादर

चरण 3: अनादर

अनादर चरण भयानक है। यह भद्दा है। आंख घूमने, नाम पुकारने और चल्लिाने पर बहस अपमानजनक हो जाती हैं। इस स्तर पर, ध्यान रखो कि तुम क्या कह रहे हो, क्योंकि प्रत्येक शब्द रिकॉर्ड किया जाता है। प्लेबैक बटन सक्रिय कर दिया गया है। क्रोध का यह स्थान तुम्हारी सबसे खराब स्थिति ला सकता है।

क्या तुम्हारे साथी ने कभी परिवार या दोस्तों के साथ ऐसी स्थिति को संभाला जहाँ तुमने उनके व्यवहार के लिए उनसे बेहूदा बर्ताव किया, और तृतीय विश्व युद्ध छिड़ गया, और तुमने ऐसी आहत करने वाली बातें कही जिन्हें तुम वापस नहीं ले सकते? एक बार अपमानजनक शब्दों को पार्टनरशिप में इंजेक्ट कर दिया जाता है, तो जिस छेद से तुम्हें बाहर निकलना है वह बहुत गहरा हो जाता है।

इस स्तर पर, तुम रिश्ते पर सवाल उठाना शुरू कर देते हो और काल्पनिक निकास परिदृश्यों के बारे में सुविचार करने लगते हो। एक बार जब पार्टनरशिप में आपसी सम्मान टूटने लगता है, तो वह टूटना तुम्हारी पार्टनरशिप की सीमाओं के बाहर यौन आदतों को रास्ता देता है, जैसे भटकती आँखें, छेड़खानी, आदि वे "हानिरहित" चीजें जो तकनीकी रूप से धोखा नहीं हैं, लेकिन वे ऐसी चीजें भी नहीं हैं जो तुम चाहो कि तुम्हारा साथी तुम्हें करते हुए पकड़ ले।

आपसी सम्मान का पूरण टूटना अक्सर "मुझे परवाह नहीं है" रवैये के साथ मेल खाता है। एक बार जब तुम परवाह करना बंद कर देते हो, तो रिश्ते में आने वाले मुद्दों को हल करने के बजाय, समस्याओं का ढेर बढ़ने लगता है।

लेकिन असफलता महसूस करना तुम्हारे स्वभाव में नहीं है। तुम असफल नहीं हो सकते। तुम नियंत्रण हासिल करने के लिए कुछ भी करोगे, खासकर जब तुम्हें लगने लगेगा कि चीजें नियंत्रण से बाहर हो रही हैं। यह तब शुरू होता है जब अपेक्षाएं और सीमाएं पार हो जाती हैं, और किसी भी पक्ष की गलती हो सकती है।

इस स्तर पर भी, जितना नुकसान तुमने किया है, अगर तुम यह पहचानना शुरू कर देते हो कि तुमने कहाँ गड़बड़ की है और इसको स्वीकार करते हो, तो तुम चीजों को बदल सकते हो। तुम्हें बस अपने टूलबॉक्स से टूल चाहिए।

बेमेल
हम किसी बात पर सहमत नहीं हो सकते
तुम मुझ पर हर समय चिल्लाते हो
मुझे नफरत है कि तुम मेरे साथ कैसा व्यवहार करती हो
तुम सिर्फ एक बुरे रूममेट हो
तुम मेरा सम्मान नहीं करते
हम साथ हैं ही क्यों ?

चरण 4: असामंजस्य

एक बार जब तुम बेजोड़ता के अवस्था में पहुंच जाते हो, तो तुम इसे एक ऐसे स्तर पर पहुंचा देते हो, जहाँ चीजें धूमलि दखिती हैं और महसूस होती हैं। यह वह स्तर है जहाँ तुम कसिी भी बात पर सहमत नहीं हो पाते हो और सवाल आने शुरू हो जाते हैं कि क्या यही इंसान तुम्हारा हमसफर है। यहीं पर पार्टनरशपि में आपसी सम्मान पूरी तरह से टूट जाता है और कुछ समय के लिए अनुपस्थति हो जाता है। असामंजस्य से वापस लौटना मुश्कलि है, लेकनि दोनों पक्षों की आशा और इसे हल करने की इच्छा से, रिश्ते को सुधारना संभव हो सकता है। यह एक खतरनाक जगह है जहाँ तुम सुन सकते हो कि "प्यार काफी नहीं है।"

और तब तुम एक्स के साथ ड्रिंक्स, ऑनलाइन संबंध, या यहाँ तक कि अफैयर जैसी चीजों में लप्ति होना शुरू कर देते हो। यह दूर भागने की गहरी प्रक्रयिा है। तुम अपने आप को काम, शौक या खेल में डुबो देते हो। अनविार्य रूप से, तुम अपने साथी और उसके बाद की सारी बहस से बचने के लिए कुछ भी कर सकते हो। ऑफसि में देर तक रुकना या अपने साथी से दूर होने के लिए बजिनेस ट्रपि लेना तुम्हें एक बुरा रूममेट बना देता है।

फरि भी, तुम इसे जाने नहीं देते हो, और तुम तब तक नहीं रुकते जब तक कि यह पूरी तरह से चरम पर न आ जाए। तुम्हारे साथी चल्लिाते हैं और रोते हैं और तुमसे बदलने के लिए भीख माँगते हैं, फरि भी तुम उन्हें सुनने से इंकार कर देते हो। और तब तुम्हारे साथी आखरिकार थककर रिश्ते को समाप्त करते हुए तुम्हें बाहर नकिाल देते हैं, फरि तुम रोते हुए वापस आते हो। तभी तुम अंततः बदलने का फैसला करते हो क्योंकि तुम्हें अचानक एहसास होता है कि तुम उनके बनिा नहीं रह सकते।

अपने रिश्ते में लगातार उपस्थति और जागरूक रहना सम्मान दर्शाता है और तुम्हारी पार्टनरशपि में सहस्थति (कम्पैटबलिटी) को मजबूत करता है। याद रखो, यह तुम्हारी गलती नहीं है कि तुम इन चरणों से अवगत नहीं थे, लेकनि अब तुम हो। अब तुम उस तरह से समायोजति नहीं करते हो तो यह तुम्हारी गलती है।

संबंध मूल बातें

मुझे अब और कष्ट नहीं होगा
हम लगभग अलग जीवन ही जी रहे हैं
अब तुम्हारे साथ रहने में कोई मज़ा नहीं है
ऑफ
ऑन
Gonzalo'11

भाग 2: संबंध की मूल बातें जनिकी तुम्हें ज़रूरत है

एक खुशहाल रिश्ते के लिए चार कौशल
सवाल पूछना सीखो, तुम कैसे मदद कर सकते हो
अपने साथी को खुश करने के लिए बेहतर विकल्प चुनो
समझौता करने में बेहतर रहो यह हमेशा तुम्हारे बार में नहीं होता है
एक दैनिक बातचीत गतिविधि

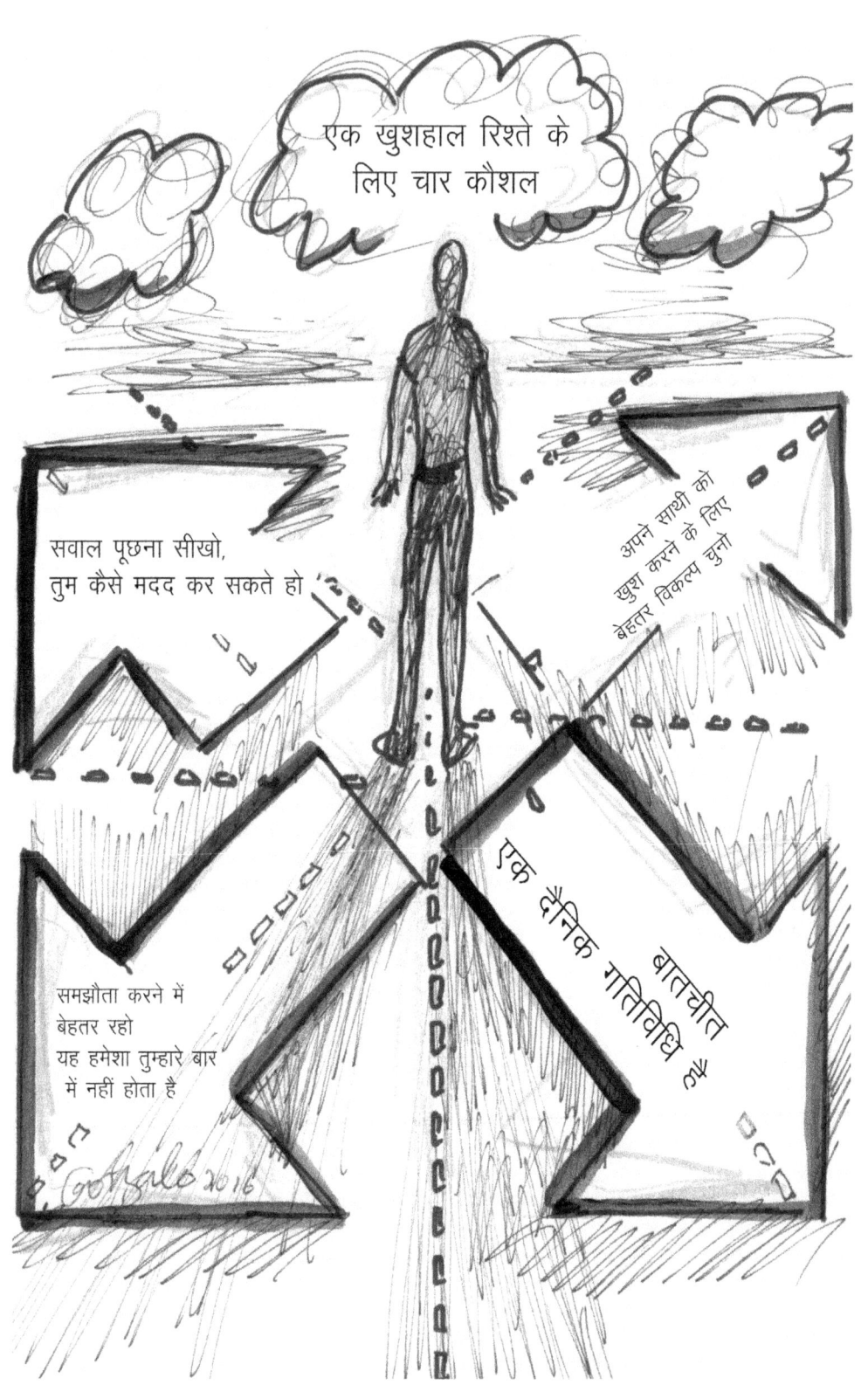

अध्याय 4: एक खुशहाल रिश्ते के लिए चार कौशल

पार्टनरशिप हमेशा एक वर्क-इन-प्रोग्रेस होता है।
जितना अधिक तुम सीखते हो, उतना ही बेहतर यह होता जाता है।

यह तुम्हारी गलती नहीं है कि तुम्हें अपने साथी के साथ अच्छा संबंध बनाने के लिए आज़माने वाले चार महत्वपूर्ण तरीके कभी नहीं सिखाए गए। अगर तुम अंधेरे में लड़खड़ा रहे हो, तो ऐसा इसलिए है क्योंकि किसी ने तुम्हें यह नहीं बताया कि लाइट का बटन कहाँ मिलेगा। जब कोई भी महत्वपूर्ण कौशल काम नहीं कर रहा होता है, तो एकमात्र परिणाम अतिरिक्त तनाव होता है, जो एक ऐसी पार्टनरशिप बना देता है जो कोई नहीं चाहता।

यहाँ चार कौशल दिए गए हैं। अगर दैनिक आधार पर इनका सही ढंग से उपयोग किया जाए, तो तुम कभी किसी के तुमसे गुस्सा होने की वजह से मुश्किल में नहीं पड़ोगे।

सवाल पूछो

तुम अपने साथी के दिमाग को नहीं पढ़ सकते। लेकिन अगर तुम अपने साथी के साथ तालमेल बिठाना जानते हो, तो तुम जान जाओगे कि कब कुछ गलत हो रहा है। तो ऐसे सवाल पूछो, "क्या मैंने कुछ गलत किया है या क्या मैं कुछ बेहतर कर सकता हूं?" या "ऐसा लगता है कि तुम मुझसे बात नहीं कर रहे हो। क्या तुम मुझसे गुस्सा हो?" यह ताकत बनाता है और पार्टनरशिप में संतुलन लाता है।

अच्छे विकल्प चुनो

जब तुम्हारे साथी तुमसे कुछ पूछते है, और तुम बहुत व्यस्त हो या इसे अनदेखा कर देते हो, तो यह एक असंतुलित पार्टनरशिप को अंजाम देता है। तो, अगली बार जब वे तुमसे पूछें—तो वह करो।

समझौता करो

पार्टनरशिप में हमेशा आदान-प्रदान होना चाहिए। अगर तुम किसी मुद्दे पर अड़ जाते हो और तुम्हारे साथी हार तुम्हारी बात मान लेते है, तो किसी अन्य मुद्दे पर अपने साथी को उनकी बात पर सही रहने दें।

संचार करो

यह एक सफल पार्टनरशिप की चाबी है। अपने साथी को उन फैसलों से अवगत कराना जो तुम दोनों को प्रभावित करते हैं, महत्वपूर्ण है और यह विश्वास का निर्माण करता है।

अंतमि लक्ष्य अपने साथी और अपनी पार्टनरशपि के लिए तनाव को खत्म करना है, ताकि तुम खुश रह सको। क्या तुम्हें पता हैं कि जीवन में तुम्हारा नया काम क्या है? अपने साथी के तनाव को हर कीमत पर खत्म करना। जैसा कि तुमने अब दूसरी बार सुना है: यह सुनश्चिति करना कि तुम्हारा साथी कभी तनावग्रस्त न हो!

अपने साथी के तनाव को खत्म करने के लिए चार कौशलों को लागू करना शुरू कर दो। चाहे तुम्हें जो कुछ भी करना पड़े। अब सोचो कि मैं तुमसे क्या माँग रहा हूँ और क्यों! बस उतना ही। कक्षा खत्म। अब तुम घर जा सकते हो। किताब खत्म करने के ठीक बाद। क्योंकि तुम्हारे साथी को कभी भी तनाव न हो, यह सुनिश्चित करने के लिए तुम्हें मेरे टूल्स की जरूरत होगी, और वे किताब के अंत में हैं, बस बता रहा हूँ।

प्रश्न पूछें
क्या मैं एक बेहतर साथी बन सकता/सकती हूँ
क्या तुमको मदद की ज़रूरत है
तुम क्या सोचते हो
क्या तुम खुश हो
अगली बार हमें मेरे परिवार को कैसे संभालना चाहिए?
तुम इसे अलग तरीके से कैसे करते
मैं तुम्हारे दोस्तों के साथ जैसा व्यवहार करता हूँ क्या तुमको पसंद है?
मैं सीमा मुद्दों में बेहतर हो सकता हूँ
क्या तुमको मेरे दोस्त पसंद हैं
क्या तुमको लगता है कि हम एक–दूसरे के साथ सम्मान से पेश आते हैं?
क्या हम साथ में मज़े करते हैं

कौशल 1: सवाल पूछो

सवाल लोगों को रचनात्मक रूप से चीजों के बारे में बात करने का मौका देते हैं। जोड़े, वशिष रूप से एक रशि्ते की शुरुआत में, हमेशा वही करने की कोशशि करते हैं जो उन्हें लगता है कि दूसरा इंसान उनसे करने की उम्मीद करता है, लेकनि ज्यादातर लोग गलत अनुमान लगाने वाले होते हैं। साथी जो सोचते हैं कि वे एक-दूसरे के दमिाग को पढ़ सकते हैं, वे कई बार खुद को बेवकूफ बना रहे होते हैं।

इस पर मेरा रहस्य यह रहा: जब तुम्हारे साथी तुमसे अलग महसूस करते है तो तुम समझ जाते हो। वे बात नहीं करते हैं, हँसते नहीं हैं, परेशान हो जाते हैं, और सच्चाई यह है कि तुम्हें पता नहीं वे ऐसा बर्ताव क्यों कर रहे हैं। आम तौर पर तुम उन्हें बस अकेला छोड़ देते हो और बात से आगे बढ़ जाते हो। लेकनि यहाँ तुम्हें कहना चाहिए, "क्या तुम्हारे पास एक मनिट है? मुझे एक सवाल पूछना है। मुझे बेहतर बनना है, और मैं इस बात से अनजान हूं कि मैंने क्या गलत कयिा है। लेकनि, इससे भी महत्वपूर्ण बात यह है कि मुझे यह जानना है कि मैं इसे कैसे ठीक करूँ।" अपने साथी को बात करने का मौका दो, और फरि अपने साथी को दखिाओ कि तुम भवषि्य में बेहतर वकिल्प चुनोगे।

एक प्रमुख उदाहरण है जब कसिी रशि्ते में एक इंसान को अपने साथी से अधकि अकेले समय की जरूरत होती है। इस से झगड़े पैदा हो सकते है जब एक साथी सोचने लगे, ओह, वे मेरे साथ नहीं रहना चाहते, जसिका अर्थ यह होना चाहिए कि उन्हें मेरी परवाह नहीं है। वास्तव में, एक साथी को अकेले अधकि समय बतिाने की आदत हो सकती है और उन्हें कभी-कभी यह भी पता नहीं चलता कि वे दूसरे इंसान को कैसा महसूस करा रहे हैं। सवाल पूछने से भ्रम दूर होते है।

यह ऐसे सवाल पूछने का समय है, "क्या तुम्हें लगता है कि हमारे बीच एक संतुलति रशि्ता है?" "क्या तुम्हें लगता है कि यह पार्टनरशपि समान है?" या "क्या तुम्हें मेरे साथ सुरक्षति महसूस होता हैं?" आखरिी सवाल यह है कि क्या तुम्हारे साथी तुम पर भरोसा करते है। अब, जवाबों को सुनने का समय है। नोट्स लें—बहुत सारे नोट्स—और उन्हें सुनें।

तो बस अपने साथी को यह कहने में मदद करने के लिए सवाल पूछो कि उनके दमिाग में क्या चल रहा है। लेकनि हर एक सवाल के मूल सवाल का जवाब देना चाहिए: मैं तुम्हारे लिए एक बेहतर साथी कैसे बनूँ?

विकल्प बनाना

मैं पूरे सप्ताहांत तुम्हारे साथ रहूँगा

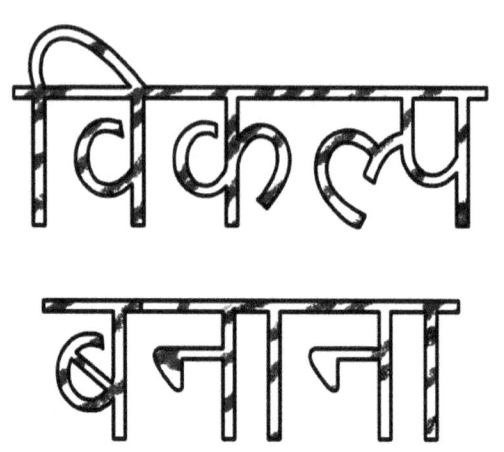

मैं घर की गतिविधियों में मदद करूँगा

मैं पैसे खर्च करने में सावधानी बरतूँगी

कौशल 2: अच्छे वकिल्प चुनो
हर कार्य एक वकिल्प है।

अगर तुमने कभी अपने साथी के साथ कोई बड़ा या छोटा फैसला लेने की कोशशि की, तो तुम्हें पता चला होगा कि यिह कतिना मुश्कलि हो सकता है। यह इतना मुश्कलि क्यों है? जब तुम अववािहति थे, तो तुम स्वतंत्र रूप से नर्णिय लयिा करते थे, और इसके लएि अन्य लोगों पर बहुत कम प्रभाव के साथ व्यक्तगित चीज़ें खरीदी जाती थी।

इसका कारण यह है कि तुम्हारे नर्णिय लेने की गुणवत्ता परभिाषति करती है कि हम अपने संबंधों में कौन हैं, जसिसे एक सफल या असफल पार्टनरशपि बनती है। याद रखो, तुम्हारे साथी की ज़रूरतें सबसे पहले आनी चाहएि। तभी ही तुम एक स्वस्थ पार्टनरशपि की राह पर बढ़ते रहोगे। बस इसे याद रखो: हर कार्य एक वकिल्प है।

चाहे तुम सक्रयि रूप से एक साथ नर्णिय लो या अपने व्यक्तगित वकिल्पों में एक दूसरे के बारे में वचिार करो, ऐसे बहुत कम नर्णिय हैं जो तुम्हें पूरी तरह से अपने दम पर लेने चाहएि। अगर एक या दोनों साथी अक्सर बनिा बात कएि नर्णिय लेने का तरीका अपनाते हैं, तो जल्दी या बाद में रशि्ते पर इसका प्रभाव पड़ेगा। मैं समझता हूँ कि चुनाव करना एक स्वतंत्र कदम है, लेकनि उन्हें पार्टनरशपि में एक साथ लेना चाहएि। जब तुम अपने साथी को यह बताए बनिा चुनाव करते हो कि क्या हो रहा है, तो उनकी भावनाओं को चोट पहुँच सकती हैं।

लेकनि कसिी नर्णिय पर बात करने का मतलब उस नर्णिय को अपने आप लेना नहीं है। अपने साथी को अपनी पसंद खुद बनाने दो और उनके फैसले का सम्मान करो। उन्हें सफल होने या असफल होने की स्वतंत्रता दो, उन सभी सीखों के साथ जो दोनों को सीखने मलिती हैं। और तुम्हें भी अपने साथी को दखिाना चाहएि कि तुम अपने दम पर अच्छे फैसले ले सकते हो।

समझौता

समझौते का मतलब है तुम्हारे साथी की बात और राय सुनना और उसके साथ जाना। यह हमेशा तुम्हारे बारे में नहीं होता है।

कौशल 3: समझौता करो

समझौता करने को अपने साथी के साथ एक समझ के स्तर तक पहुंचने के लिए कुछ त्याग करने के रूप में जाना जाता है। तुम्हारे रिश्ते में किसी समय पर, तुम और तुम्हारे साथी की एक अलग दृष्टकिोण, राय या इच्छा होगी। लेकिन अगर सही तरीके से किया जाए, तो समझौता तुम्हें और तुम्हारे साथी को एक टीम के रूप में एक साथ बढ़ने में मदद करेगा। यह तुम्हारे रिश्ते में विश्वास, जवाबदेही, निरंतरता और सुरक्षा को बढ़ावा देता है। और यह भी दर्शाता है कि तुम्हारे मन में एक सामान्य लक्ष्य है: एक स्वस्थ पार्टनरशिप।

अभ्यास करने का कौशल यह रहा: कठोर निर्णय लेते समय, पहले अपने अहंकार को नियंत्रण में रखो। अगर तुम्हें लगता है कि तुम्हारा तरीका ही एकमात्र तरीका है, तो मैं तुमसे बस पीछे हटने और फिर से इस बात पर आकलन करने के लिए कह रहा हूं कि क्या वह खराब प्रोग्रामिंग तुम्हारी मदद कर रही है। क्या वह करना जो तुम्हारे साथी चाहता है सबसे बुरी चीज हो सकती है? ज्यादातर मामलों में, मैंने पाया है कि मेरे साथी की पसंद सही होती है और अक्सर मुझसे बेहतर होती है।

एक रिश्ते में, तुम झगड़े से बच नहीं सकते हैं, लेकिन तुम इस बात पर एक समझौते पर आ सकते हो कि बहस कैसे की जाए। यह एक प्रेम भाषा है। अगर तुम्हारे साथी को किसी झगड़े के बाद अकेले रहना है, तो बाद में मिल कर बात करें। अगर तुम्हें लगता है कि तुम जितना प्राप्त कर रहे हो, उससे अधिक दे रहे हो, या तुम्हारे समझौते बलिदानों की तरह लगने लगे, तो यह समय मानकों और सीमाओं का पुनर्मूल्यांकन करने का हो सकता है, अन्यथा तुम खतरनाक लोगों को प्रसन्न करने के क्षेत्र में पड़ जाओगे।

समझौता एक ऐसा कौशल है जिसे सीखने में समय लगेगा। चीजों को उस स्तर पर न आने दो जहाँ तुम्हारे साथी नाराज हो जाए क्योंकि उन्हें लगता है कि वे सारा काम कर रहे हैं, और तुमने बस उनकी जाँच की। फिर से जुड़ने के लिए, इसे स्वीकार करना बेहतर है। याद रखो, यह कहना ठीक है, "तुम सही, मैं गलत।"

संचार करें

कौशल 4: संचार करो

अपने साथी के साथ प्रभावी संचार आपस के सम्मान का नर्िमाण करता है। वचिार सरल है: लोग सहानुभूति रखते हैं। जब कुछ गलत होता है तो वे बहुत सूक्ष्म स्तर पर समझ सकते हैं। तो संचार सम्मान को मजबूत करने में मदद करता है। यह उस बात पर अनुमान लगाने को हटा देता है कि तुम्हारे साथी क्या सोच रहे है। यह गलतफहमी से बचने और वशि्वास बनाने में मदद करता है। यह साथियों को एक दूसरे का समर्थन करने देता है। यह साथियों को प्यार में बढ़ने में मदद करता है और उनके मूड के लिए बहुत अच्छा है।

अगली बार जब तुम एक महत्वपूर्ण असहमति पर एक कठनि बातचीत की ओर अग्रसर हो, तो सुनश्चिति करो कि तुम सक्रयि रूप से सुनने पर काम करो, चाहे वह कतिना भी कठनि क्यों न हो। एक जटलि कौशल सेट के रूप में इस पर काम करना पड़ सकता है। ध्यान से सुनने की पूरी कोशशि करो, और अपने साथी द्वारा कहे गए शब्दों को दोहराकर यह बताओ कि तुम ऐसा कर रहे हो। जैसे, "मैंने सुना है कि यह महत्वपूर्ण है कि हमें पैसे बचाने चाहिए, इसलिए मैं अपने खर्च को और अधिक बारीकी से देखने की कोशशि करूंगा" या "मैं समझता हूं कि जब मैं इतना काम करता हूं तो तुम अकेला महसूस करते हो, इसलिए मैं जब संभव होगा तब घर जल्दी आने की कोशशि करूंगा।" ऐसा करते समय छोटे इशारों से जुड़े रहें, जैसे आंखों से संपर्क करना, हाथ पकड़ना और सरि हलिाना। यह तुम्हें और तुम्हारे साथी को वरिोधियों के बजाय टीम के साथी की तरह महसूस करवाएगा। महत्वपूर्ण चर्चा करते समय उन मोबाइल फोन और लैपटॉप को दूर रखो! तुम एक "सुरक्षति शब्द" पर भी वचिार कर सकते हो जसिका उपयोग तुम बातचीत से वरिाम लेने के लिए कर सको।

यहाँ एक राज़ है। अगर तुम अपने साथी को बाहर अपनी भड़ास नकिलने के लिए हर दनि के अंत में दस मनिट का समय दो, तो यह उन्हें वह सब व्यक्त करने की अनुमति देता है जसि वो महसूस कर रहे हैं और एक सकारात्मक संचार चैनल भी खोलता है। याद रखो कि आत्मसंतुष्ट होना कुछ ही समय में कसिी रशि्ते को खत्म कर सकता है। अगर तुम्हारे साथी तुमसे कुछ करने के लिए कहते है और यह अनुचति लगता है, तो सुनश्चिति करो कि तुम स्वयं को व्यक्त करो और अपने वचिार शेयर करो। अपने साथी से बात करें, और उनके साथ संचार करो, ताकि वे समझ सकें। दूसरी ओर, अगर तुमने ज़ोर दयिा और बहुत दूर चले गए, तो याद रखें कि यह कहना ठीक है, "तुम सही, मैं गलत।"

यह तुम्हारी गलती नहीं है कि तुम्हें
कभी नहीं सखिाया गया कि एक स्वस्थ पार्टनरशपि के लिए क्या करना पड़ता है।
लेकनि सावधान रहें। इस कताब को पढ़ने के बाद,
तुम्हारे पास कोई बहाना नहीं होंगे!

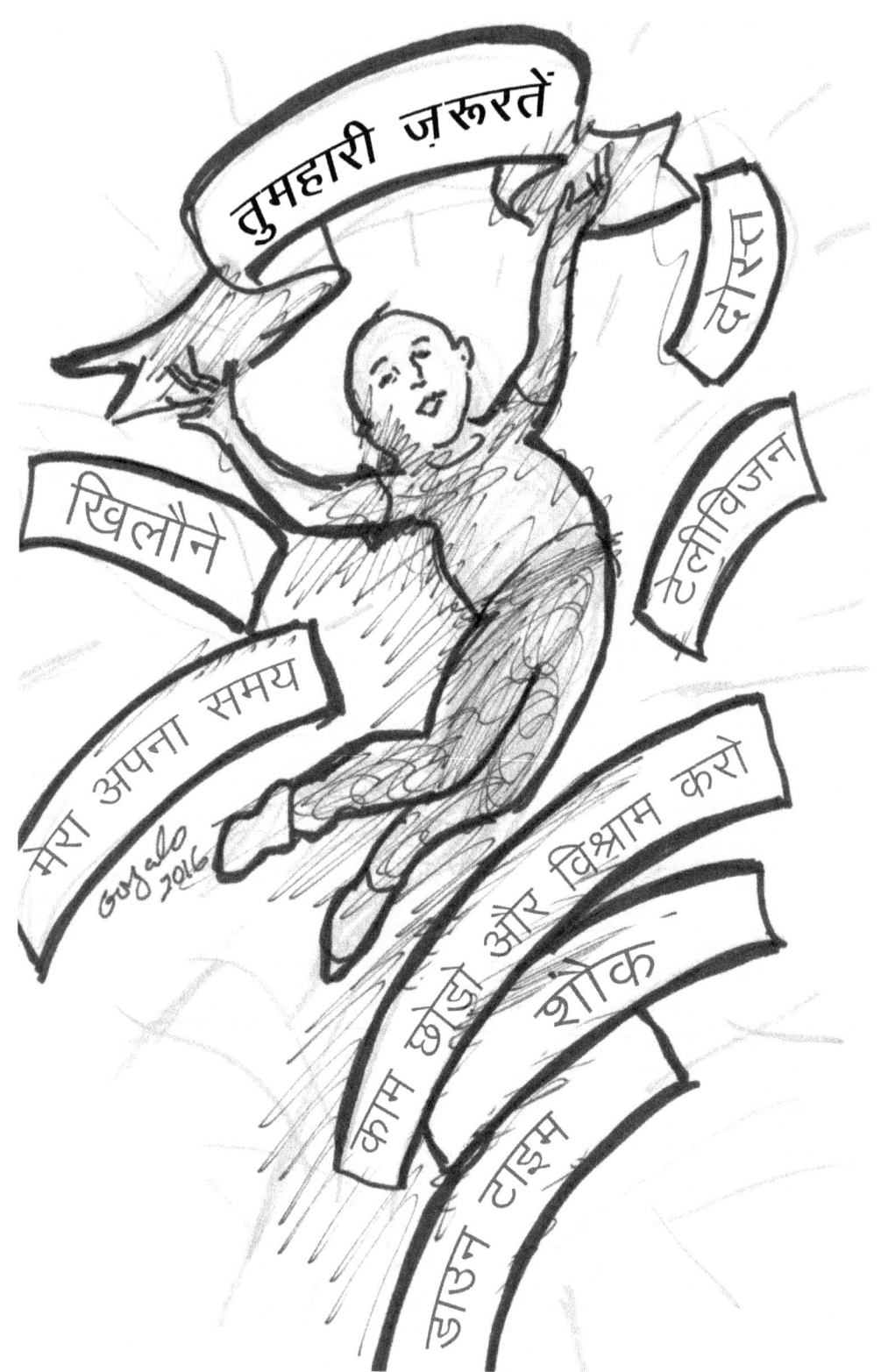

तुम्हारी ज़रूरतें
दोस्त
खिलौने
टेलीविजन
मेरा अपना समय
काम छोड़ो और विश्राम करो
शौक
डाउन टाइम

अध्याय 5: खुश रहने के लिए तुम्हारी ज़रूरतें

तुम अपने रशि्ते की
नींव की चट्टान हो।

इस अध्याय में, तुम्हारी खुशी के लिए हम उन चार ज़रूरतों के बारे में जानेंगे जनिका तुम्हारे साथी को आदर और सम्मान करना चाहएि। जब इनमें से कसिी को भी कुचला जाता है, तो तुम दुखी हो जाते हो। तुमने अपने साथी से अपनी ज़रूरतों के बारे में कब बात की है? क्या तुम्हारे साथी को तुम्हारी जरूरतों के बारे में पता भी है।

मैं चाहता हूँ कि तुम खुद को अपने रशि्ते के सेतु की नींव के रूप में सोचो, जसि हम चट्टान कहते हैं। याद रखें- तुम नींव की चट्टान हो।

अगले अध्याय में, तुम अपने साथी की चार ज़रूरतों के बारे में जानोगे। नींव द्वारा समर्थति अपने सेतु के लिए अपने साथी की चार जरूरतों को स्तंभ के रूप में देखें। यह एक पुल के प्रमुख पुर्जे हैं। नींव कमजोर होगी तो स्तंभ भी कमजोर होंगे ही। नींव और स्तंभ मजबूत हैं तो सेतु भी मजबूत होगा। अगर तुम अपने साथी की सभी जरूरतों को पूरा करते हो, तो तुम एक मजबूत सेतु बनाते हो। तभी तुम्हारे साथी तुम्हारी चार जरूरतों का सम्मान और समर्थन करेंगे।

तुम्हें अपने साथी से जो ज़रूरत है और तुम जो चाहते हो, दोनों बहुत अलग हो सकते हैं। एक ज़रूरत हवा और पानी की तरह एक परम ज़रूरत होती है, और एक इच्छा वह है जसि तुम चाहते हो। रशि्तों में, दोनों से भ्रमति होना आसान है।

अपनी इच्छाओं को पूरा करना उतना ही महत्वपूर्ण है जतिना कि जरूरतों को पूरा करना। एक गेम पर पैसे उड़ाना और अपने बचाए हुए पैसे से कुछ खास चीज़ खरीदना, एक जरूरत के साथ भ्रमति हो सकता है। सच्चाई यह नहीं है, लेकनि यह नशि्चति रूप से जीवन को बेहतर बनाता है। बलिों का भुगतान करने के लिए पैसा कमाना, बच्चों की देखभाल करना, हाथ बटाना। और अपने साथी की देखभाल करना एक जरूरत है। लेकनि इन सारे प्रयासों के बाद जब तुम्हारी अपनी जरूरतों या चाहतों को ठुकरा दयिा जाता हैं तो यह एक झटके जैसा लगता है।

लक्ष्य यह है कि तुम्हारे साथी तुम्हें अपनी इच्छाएँ पूरी करने दें। लेकनि यह तभी हो सकता है जब उनकी जरूरतों को पूरा कयिा जाए। यह सरि्फ मानव स्वभाव और सामान्य ज्ञान है। आवश्यकताएँ सभी के लिए आवश्यक और महत्वपूर्ण होती हैं। अपने रशि्ते में सुरक्षति महसूस करना, सफल होना या खुश रहना ज़रूरी होता है। एक मजेदार और प्यार करने वाले साथी के साथ संबंध बनाना ज़रूरी होता है। जरूरतों और चाहतों के बीच के अंतर को समझते समय, मेरा सुझाव है कि तुम पहले आवश्यकताओं पर ध्यान दो। फरि अपने साथी को अपनी इच्छा के बारे में बताओ। याद रखो, तुम्हारे साथी की भी इच्छाएं हैं।

वास्तवकिता यह है कि जब जरूरतें और इच्छाएँ दोनों पूरी होती हैं, जीवन मज़ेदार बन जाता है, और ज्यादातर मामलों में, तुम्हारी पार्टनरशपि स्वस्थ हो जाती है। अपनी चाहतों को पूरा करने के लिए, तुम्हें अपने साथी की ज़रूरतों को पूरा करना होगा।

आओ एक सेतु के रूप में पार्टनरशपि के रूपक को जारी रखते हैं। हम पहले ही स्थापति कर चुके हैं कि तुम नींव हो। आखरिी टुकड़ा समर्थन बीम है जो पलि्लरों पर फटि होता है। समर्थन बीम दैनकि मुद्दे हैं जो पलि्लरों और नींव को हलिा सकते हैं। तुम इनके बारे में अध्याय 6 में अधकि जानोगे।

आओ जानें कि तुम्हें कसिसे खुशी मलिती है। इनमें से कुछ तुम पर लागू होंगे और कुछ नहीं होंगे। बस वही उपयोग करो जो तुम्हारे लिए काम करता है। नीचे वो लेबल दिए गए हैं जनि्हें मैं चार बुनयिादी मानवीय आवश्यकताओं पर लागू करता हूँ।

- मुझे क्या पसंद है
- मुझे क्या पसंद नहीं है
- मैं कसि चीज़ में खराब हूँ
- मुझे कसि चीज़ से नफरत है

अगर इन चार जरूरतों को समझा जाए और उनका सम्मान कयिा जाए, तो यह आसान है। तुम खुश रहोगे!

तुमको पता है कि तुम खुश रहने के लिए क्या पसंद करते हो

जरूरत 1: मुझे क्या पसंद है?

पहली जरूरत को इस तरह परभिाषति कयिा गया है क तिुम जीवन में खुश रहने के लिए क्या पसंद करते हो। इच्छा की जरूरत ही है जो जीवन को बेहतर बनाती है - वो एहसास क तिुम्हें सब कुछ मलि गया है। जब तुम्हरे साथी तुम्हारी पसंद का सम्मान करते हैं, तो जीवन मज़ेदार हो जाता है। वरना तुम तुम्हारे साथी से नाराज़ और नाखुश महसूस करने लगते हो।

यहाँ कुछ सामान्य चीजें हैं जो इच्छा की जरूरत के अंतर्गत आती हैं:

आवश्यक और चाहा गया बनना: आवश्यक और चाहे गए महसूस करने की ज़रूरत कम चीजों में दखिाई देती है। तारीफ करना, घर जाते वक़्त की ड्राइव में तुम्हारे बालों में हाथ फेरना ... थोड़ा सी परवाह दखिाना कोई नुकसान नहीं करती है। अगर तुम इससे अधकि चाहते हो, तो पहले तुम्हें खुद अधकि देना होगा। यह बहुत अच्छा अहसास होता है जब तुम्हारे साथी कहते हैं "तुम अद्भुत हो," और वो इसको वाकई मानते है। और भी अच्छा लगता है जब वो कहते हैं क वो तुम्हें चाहते हैं।

साहचर्य: एक मज़ेदार, प्यार करने वाले साथी होने की एक जरूरत है जसि तुम अपना सबसे अच्छा दोस्त बुला सको और साथ समय बति सको। ऐसा कोई जसिके आसपास तुम हर समय रह सको और आनंद ले सको। वो साथी जो तुम्हें अपने स्वयं के लिए पसंद करता हो। एक ऐसी पार्टनरशपि जहां दोनों लोगों को अलग ना कयिा जा सके।

प्रतस्पिर्धात्मकता: प्रतस्पिर्धा करने और जीतने की जरूरत एक एड्रेनालाईन रश है, चाहे वह तुम्हारे दोस्तों के साथ खेल के समय हो या तुम्हारी टीम के लिए उत्साहति होना हो। यह जीतने का वचिार है ही जो एड्रेनालाईन रश देता है। कसिी भी सीमा के एंडोर्फनि, दोस्त! यह एक प्राकृतकि नशा है और तुम्हें जीवति महसूस कराता है। लेकनि अपने साथी से मुकाबला मत करो... सरि्फ बता रहा हूँ।

चीजों को ठीक करना: कसिी चीज़ को चाहे ज़बानी तौर से ठीक करना हो या असल में ठीक करना हो, उसे बस पूरा करने से अच्छा लगता है। जब तुम इसे पूरा करते हो तो यह तुम्हारे अहंकार के लिए एक आघात होता है-तुमने कर लयिा! भागे ही अगर तुम्हें कोई अंदाज़ा ना हो क तिुमने अभी कयिा क्या, तब भी यह बहुत अच्छा लगता है। तो यहाँ केवल सकारात्मक प्रतक्रियिा की जरूरत है!

क्षमा करना: क्षमा करना महत्वपूर्ण है, क्योंक इिसके बनिा तुम केवल नाराज़ ही रहोगे। क्षमा करने में सक्षम होना मानसकि स्वतंत्रता का एक रूप है। इसे बाधति मत करो। क्षमा करना महत्वपूर्ण है ताक तिुम अन्य महत्वपूर्ण गतविधियिों के साथ आगे बढ़ सको और चतिा न करो । हाँ छुपा हुआ संदेश है नो बैड मोजो, प्लीज। जतिनी जल्दी तुम समस्या को ठीक करते हो और क्षमा करते हो, उतनी ही तेज़ी से तुम वापस मज़े कर पाओगे।

सेक्स: तुम्हारा सेक्स जीवन तुम्हारी समग्र भलाई को प्रभावित करता है–शारीरिक, आध्यात्मिक और भावनात्मक रूप से। यह तुम्हें ऐसा महसूस कराता है कि तुम्हारा खेल अभी भी चल रहा है, और तुम्हारे साथ पंगा नहीं लिया जा सकता हैं, क्योंकि तुम सबसे अच्छे हो। अगर तुम इसका उपयोग नहीं करते हो, तो तुम इसे खो दोगे। अगर तुम्हारे साथी यह नहीं करते हैं, तो उन्हें समझना पड़ेगा कि यह वास्तविकता है: जीवित महसूस करने के लिए सेक्स तुम्हारे लिए आवश्यक है। तुम्हारी जरूरतें किसी न किसी तरह से पूरी होनी चाहिए। वे विशेष साइटें अपने आप अरबों नहीं कमाती हैं; उन्हें सहायता की ज़रूरत होती है।

बड़ी सोच: जीवन में अपने उद्देश्य को पूरा करना चाहते हो? बस अपने आप को बड़ा सोचने दो और अपनी अगली यात्रा, संगीत कार्यक्रम, डील, करियर में बदलाव, स्टार्टअप या कुछ और करने के बारे में सपने देखो, जिसका तुम इंतजार कर रहे हो। ऐसे साथी होना बहुत किस्मत की बात है जो तुम्हारे पीछे खड़ा हो और तुम्हारा समर्थन करे। जब तुम्हारे सपने कुचले दिए जाते हैं, तो तुम्हारा आत्म-सम्मान भी कुचला जाता है, जिसकी वजह से असुरक्षा जन्म लेती है। यही कारण है कि तुम्हारे साथ एक अद्भुत साथी होना ही सब कुछ है। जब तुम जीतते हो तो वे तुम्हारे साथ जश्न मनाने के लिए होते हैं और जब चीजें योजना के अनुसार नहीं होती हैं तो वे तुम्हारे घावों को भरने और बिखरे टुकड़ों को समेटने में भी मदद करते हैं। बड़े सपनों को कभी-कभी पुनर्गणना या समायोजित करने की जरूरत होती है, और कुछ मामलों में अगर तुमने सब कुछ कर लिया है और फिर भी सफल नहीं हुए हो, तो सपने को जाने देना और एक नया सपना खोजना ही ठीक है।

खिलौने, गैजेट्स, शौक या खेल: रचिार्जिंग समय तुम्हारी भलाई को सशक्त करते हुए तुम्हारे मानसिक और शारीरिक स्वास्थ्य को मजबूत करने में मदद कर सकता है। यह सिर्फ एक मानसिक पलायन से कहीं अधिक है; यह गतिविधियाँ तुम्हें एक उद्देश्य के साथ जीवित महसूस कराती हैं।

किसी को सुनना: आराम करने, भड़ास बाहर निकलने और दिमाग की बातों को बोलने की जरूरत स्वस्थ जीवन जीने के लिए महत्वपूर्ण है। महत्वपूर्ण और महत्वहीन विषियों के बारे में अपने साथी से बात करने में सक्षम होना और रोके ना जाना एक जरूरत है। तुम्हें इसका एहसास हो या न हो, समय-समय पर सभी को जरूरत होती है कि कोई उनकी भी सुने। जिसमें तुम भी शामिल हो! इस तरह तुम पुष्टि करते हो कि तुम ट्रैक पर हो या नहीं। तुम्हारे साथी तुम्हारे साउंडिंग बोर्ड बन जाते हैं। एक अच्छे सुनने वाले साथी के सामने अपने मन की बातें कहने में सबसे अच्छी बात यह है कि यह तुम दोनों को करीब लाता है। यह एक कनेक्शन और एक जोड़ है। यह उनकी देखभाल और प्यार को प्रकट करता है।

जब तुम्हारे साथी तुम्हारी इच्छाओं का आदर और सम्मान करते है, तो चीजें सरल हो जाती हैं, और तुम खुश हो जाते हो। जब इनमें से कसिी एक को भी कुचला जाता है, तो तुम्हारी प्रतक्रियिा हर बार समान होती है-नाराज़!

मुझे क्या पसंद नहीं है
लगातार शिकायत
लड़ाई
गलत होना
अतीत की याद दिलाना
रहस्य
नैगिंग
ट्रैश किया जाना
नियंत्रित किया जाना
घर के काम
गरमागरम तर्क
GONZALO 2016

जरूरत 2: मुझे क्या पसंद नहीं है

यह दूसरी जरूरत थोड़ी अजीब है। तुम अपने साथी से यह उम्मीद करते हो कि जितना सम्मान तुम्हें जो पसंद है उसके लिए चाहिए, उतना ही सम्मान वे उन चीजों के प्रति तुम्हारी उन प्राथमिकताओं का करें जो तुम्हें पसंद नहीं हैं। जब तुम्हारे साथी तुमसे लगातार ऐसे काम करने की अपेक्षा करते हैं जो तुम्हें पसंद नहीं है, तो ऐसा महसूस होता है कि कोई बम फट रहा है। क्रोध, हताशा और आक्रोश जैसी नकारात्मक भावनाएं आने लगती हैं।

यहाँ कुछ सामान्य नापसंद आने वाली बातें हैं जो आपको परिचित लगेंगे।

ट्रैश होना: ट्रैश तुम्हारे अहंकार को कुचल देता है, खासकर जब ऐसे कार्यों, और टिप्पणियों की बात हो जैसे "मुझे तुम्हारा काम बिलकुल पसंद नहीं आया - यह काम अधूरा है।" " तुम उस प्रोजेक्ट को कब पूरा करने वाले हो - अगले साल?" "मैं इसे और बेहतर कर सकता था।" "अगली बार, मैं किसी ऐसे इंसान को काम पर रखूँगा जो जानता हो कि वो क्या कर रहा है!" इस तरह की टिप्पणियों से व्यंग्य के अलावा और कुछ नहीं होता है"सच में !? नहीं ना!"

घर के काम: तुम्हें घर के काम पसंद नहीं है? कौन करता है? बचपन से, जब भी तुम "घर का काम" शब्द सुनते हो, तो यह तुम्हें अत्यंत परेशानी महसूस कराता है, और तुम्हारा मन बच के भागने का हो जाता है। इसलिए तुम्हें एक साथी दिया जाता है, है ना? जब तुम अपना योगदान नहीं देते हो, तो तुम अपने साथी से इसका अंत कभी नहीं सुन पाओगे। ज्यादातर समय, तुम्हें ऐसा लगता है कि वे तुम्हारी माँ हैं। क्या वे इसे संभाल नहीं सकते? लेकिन आइए स्पष्ट करें- अपने हिस्से के योगदान को छोड़ने के लिए यह बहाना नहीं दिया जा सकता कि तुम्हें घर के काम करना पसंद नहीं हैं। अपने साथी से इस बारे में बात करो कि तुम्हें क्या पसंद नहीं है और तुम्हें कहाँ योगदान देने में खुशी होगी।

लगातार शिकायतें करना: क्या तुम्हें हर समय किसी से शिकायतें सुनना पसंद नहीं है? जब एक साथी हमेशा नकारात्मक हो तो सकारात्मक और खुश रहना चुनौतियों से भरा बन जाता है। अपने बातचीत कौशल को काम में लाओ- सम्मानजनक प्रश्न पूछो और उन सभी शिकायतों की जड़ तक पहुँचने के लिए समर्थन को ऑफर करो।

बढ़ती बहस: क्या तुम्हें चिल्लाने वाला मैच या नियंत्रण खोना पसंद नहीं? ऐसी स्थितियों में, तुम हमेशा अपने साथी का अनादर करने और ऐसी बातें कहने के लिए प्रवृत्त हो जाते हो जो तुम कहना नहीं चाहते थे। कभी-कभी तुम देखते हो कि तुम्हारे मुंह से शब्द धीमी गति से निकल रहे हैं, एक समय में एक शब्द की तरह। फिर तुम सोचते हो, "हे भगवान, मैंने यह क्या कह दिया?" ओह! काश मैं उन शब्दों को वापस ले पाता/ पाती, नहीं तो वे मुझे जीवन भर परेशान करते रहेंगे।

किसी को परेशान करना: सीधे शब्दों में कहें तो, इसका मतलब किसी का अपमान करना और परेशान करना होता है। जब तुम्हारे साथी तुम्हें परेशान करते हैं तो तुम्हें अच्छा नहीं लगता है। अगर तुम्हें यह गलत लगता है, तो अपने साथी से पूछो कि वे बिना किसी वास्तविक कारण के तुम्हें परेशान क्यों कर रहे हैं। लेकिन बहुत रक्षात्मक होने से पहले, इसके बारे में सोचो। शायद अपने मन में तुम जानते हो कि तुम्हें परेशान किया जा रहा है हो क्योंकि तुमने उसे ट्रिगर किया है। क्या तुमने झूठी उम्मीद जगाई थी या अपना वादा पूरा नहीं किया था? क्या तुमने उस हाउस प्रोजेक्ट को पूरा नहीं करने के लिए एक के बाद एक बहाना बनाया था? और इस बीच, तुम्हारे साथी यह देखते हैं कि तुम्हारे पास अपनी मजेदार गतिविधियों के लिए काफी समय है।

रैकेट बॉल प्रभाव: तुम गेंद को हिट करो और वो वापस आकार तुम्हें हिट करे तो यह तुम्हें पसंद नहीं आएगा। उदाहरण के लिए, तुम बातचीत कर रहे हो, और तुम लापरवाही से कुछ ऐसा कह देते हो जैसे, "मुझे तुम्हारा सबसे अच्छा दोस्त पसंद नहीं है।" तुम्हारे साथी तुरंत तुम्हें वही उत्तर देंगे कि वे तुम्हारे किसी भी दोस्त को पसंद नहीं करते हैं। या इसे समझें? तुम अपने साथी से उनके द्वारा किए गए एक वादे को पूरा नहीं करने के बारे में पूछ रहे हो, और इससे पहले कि तुम अपनी बात पूरी करो, वे अपने मानसिक फाइलिंग कैबिनेट में जाकर तुम्हारे द्वारा सालों पहले किए गए वादों को ढूंढ लाते हैं जिन्हें तुमने पूरा नहीं किया था। और यह वही इंसान है जिसे यह याद नहीं रहता कि दस मिनट पहले उन्होंने अपनी चाबी कहाँ रखी थी। यह रैकेट बॉल इफेक्ट है।

अतीत: अगर तुम्हारे साथी हर उस चीज़ की तारीख, घंटे और मिनट को याद रखते हैं जब वो रिश्ते में परेशान हुए तो, तो यह निश्चित रूप से पार्टनरशिप पर एक नुकसान डालता है। पिछली समस्याओं को सामने लाना और वर्तमान के साथ उनकी भेट करना सबसे खराब है।

सफेद झूठ: तुम सफेद झूठ बोलना पसंद नहीं करते हो, लेकिन क्या यह जवाब देने या डांट सुनने से ज्यादा आसान नहीं है? यह आमतौर पर मतभेद के दौरान होता है, और ऐसा तब होता है जब तुम्हें लगता है कि तुम्हारे साथी अनुचित अनुरोध कर रहे है जिसे तुम पूरा नहीं कर सकते या उन्हें संतुष्ट नहीं कर सकते। तब, सफेद झूठ शुरू होता है। यह तुम्हारे किए हुए काम को समझाए बिना स्वतंत्र निर्णय लेने की जरूरत से शुरू होता है और इसके साथ आने वाली बकवास और 'नहीं' कहा जाने के कारण से बोला जाता है।

मेरे बारे में मेरे साथी की राय मेरे लिए हमेशा
कसिी और की राय से ज्यादा मायने रखती है।

मैं किसमें खराब हूँ

मदद के लिए पूछना

ऐसी गतिविधिया करना जो हम नहीं करना चाहते

स्वीकार करना कि तुम गलत हो

कार्य पूरा करना

विवरण

लंबी बातचीत

जवाबदेह होना

घर के काम

जरूरत 3: मैं कसि चीज़ में खराब हूँ

यह तीसरी जरूरत भी अजीब है। तुम जसि चीज़ को पसंद नहीं करते हो, उस का सम्मान कयिा जाना चाहिए ताकि तुम अपने फैसलों से खुश रह सको। जब तुम्हें उन चीजों को करने के लिए मजबूर कयिा जाता है जनिमें तुम खराब हो, तो तुम्हारे बचपन की सभी असुरक्षाएं सामने आ जाती हैं। तुम्हारे अतीत का हर वो समय याद आ जाता है जो तुम्हें अच्छा नहीं लगता था।

एंथनी बॉर्डेइन ने एक बार पूछा था, "कसिी चीज़ में खराब होने' के वपिरीत क्या है? ना- खराब होना?" समस्या तब होती है जब तुम उस क्षेत्र में होते जहां तुम खराब हो। तुम वहाँ से सरलता से बाहर नहीं आ सकते।

क्या तुम इनमें से कसिी भी सामान्य स्थतियिों से संबंधति हो जनिमें तुम खराब हो?

स्वीकार करना कि तुम गलत हो: इसका मतलब है यह स्वीकार करना कि तुमने जो फैसले लिए वो गलत हैं। लेकनि तुम कमरे में सबसे चतुर इंसान हो- तुम गलत कैसे हो सकते हो? तुम्हें वशिेष रूप से तब बुरा लगता है जब तुम्हारे साथी बताते हैं कि तुम गलत हो। यह सुनना शर्मनाक है, और जब तुम्हारे साथी तुम्हारे मुंह से "मैं गलत था" शब्द सुनने की मांग करते हैं तो इस से ज़्यादा अपमानजनक और कुछ नहीं होता है।

मदद मांगना: उन चुनौतीपूर्ण हाउस प्रोजेक्ट्स में मदद करने के लिए YouTube को धन्यवाद। लेकनि क्या होगा अगर इंटरनेट बंद हो? तुम क्या करोगे? मलि गया जवाब तुम्हें। कुछ नहीं, क्योंकि तुम्हारा अभमिान मदद मांगने के रास्ते में आ जाएगा। क्यों? क्योंकि तुम इसमें खराब हो!

काम पूरा करना: क्या तुम काम को समय पर करने में खराब हो? जब तक कसिी काम से एक बड़ा इनाम नहीं मलिता, यह एक प्राथमकिता नहीं होता है। कुत्ते इनाम की उम्मीद करते हैं, और कान के पीछे की खरोंच में कभी दर्द नहीं होता है। इसमें कुछ बुरा नहीं है अगर एक साथी अच्छे व्यवहार को पुरस्कृत करे। इसलिए, सुनश्चिति करो कि तुम्हें अच्छे व्यवहार के लिए एक इनाम से पुरस्कृत कयिा जाए। इसके बनिा, तुम काम को पूरा करने में खराब ही रहोगे।

ववििरण: क्या तुम ववििरण में खराब हो? ववििरणों से नपिटने में बहुत अधकि समय लगता है। छोटा, त्वरति, और मुद्दे पर, सबसे बेहतर होता है, अंदर जाओ और बाहर नकिलो। हम एक ऐसी दुनयिा में रहते हैं जहाँ तत्काल संतुष्टि एक आदर्श है, और मल्टीटास्किंग का मतलब पज़िज़ा ऑर्डर करने के साथ खेल देखना है। और बाकी सब कुछ जो बहुत वसि्तृत है, हम उसमें खराब हैं।

लंबी बातचीत: जब तुम्हारे साथी को लंबी बातचीत करनी होती है, तभी एक ऐसी प्रतक्रियिा ट्रगि्गर हो जाती है जसिमें तुम बुरे होते हो। जब तुम्हारे साथी कसिी वषिय के वविरण की व्याख्या करना चाहते हैं और चाहते हैं है कि तुम हर अक्षर को सुनो, तो क्या तुम्हारी ध्यान सीमा बहुत कम है और तुम चाहते हो जानकारी कम और छोटी हो? जब वविरण को एक भूमकिा नभिानी होती है, तो दमिाग एक समय पर कई काम करने लगता है। जैसे, वो बात कर रहे हैं, और तुम सुन रहे हो, लेकनि यह भी सोच रहे हो कि पिज़्ज़ा कि टॉपपगि कौन सी होनी चाहए। यह एक दोनों तरफ से जीत है, है ना? मैं अभी भी सुन रहा हूँ।

अपनी राय को अपने तक रखना: ऐसा करना असंभव है। अगर तुम्हारी कोई राय है, तो यह किसी न किसी रूप में सामने आ जाएगी।

मुझे क्या नफरत है

सेक्स के लिए भीख मांगना
नियंत्रित किया जाना
चालाकी से काम निकलवाना
अपना फैलाया हुआ समेटना

शब्दों को सुनने के लिए,
हमें बात करने की जरूरत है
बताया जाना कि क्या करना है
चिल्लाया जाना

हमें बात करने की जरूरत है

जरूरत 4: मुझे कसि चीज़ से नफरत है?

तुम्हारी यह चौथी और आखरिी जरूरत भी अजीब है। जसिसे तुम नफरत करते हो उसका सम्मान कयिा जाना चाहिए ताकि तुम अपने साथी के साथ खुश रह सको। जब तुम्हें उन चीजों को करने के लिए मजबूर कयिा जाता है जनिसे तुम नफरत करते हो, तो तुम्हारी नफरत कि ज़रूरत ट्रगिर हो जाती है। जहाँ कसिी चीज़ में खराब होना आत्मसम्मान की समस्याओं को ट्रगिर कर सकता है, वहीं नफरत तुम्हें सीधे क्रोध और आक्रोश में ले जाती है।

यहाँ कुछ सामान्य नफरत की स्थतियिाँ हैं। ईमानदार रहो। क्या तुम संबंधति महसूस कर सकते हो?

सेक्स के लिए भीख मांगना: नफरत की जरूरत को ट्रगिर करने के लिए सेक्स के लिए भीख मांगने की जरूरत सबसे ऊपर की रैंकगि पर है। जब तुम्हारे साथी तुमसे दूर चले जाते है या तुम्हें इसके लिए भीख मांगनी पड़ती है, तो तुम उस समय सामान्य इंसान नहीं होते हो। हो सकता है कि तुम खुद को चल्लिाते हुए और भीख मांगते हुए पाओ। तुम बस दुखी बन जाते हो। तुम अपनी जरूरतों को पूरा करने के लिए वह काम करने लग जाओगे जो तुम कसिी अन्य इंसान के लिए नहीं चाहोगे। गर्व, नम्रता और आत्म-मूल्य सभी को खड़िकी से बाहर फेंक दयिा जाता है। जब तुम्हारी यौन ज़रूरतें पूरी हो जाती हैं, तब तुम दूसरी तरफ से सोच पाते हो, अपने आप को अपने आप को बेहतर बनाते हो, और चीज़ों को वहीं से शुरू करते हो जहाँ से तुमने छोड़ा था।

नयिंत्रति कए जाना: अगर तुम्हारे साथी सभी नर्णिय लेते हैं, तुम्हारी बात नहीं सुनते हैं और बदले में कोई संतुलति जम्मिेदारी नहीं लेते हैं, साथ ही बड़ी उम्मीदें भी रखते हैं, तो इसका मतलब तुम्हें नयिंत्रति कयिा जा रहा है। ऐसा लगता है कि तुम्हें कभी कोई अधकिार नहीं दयिा जाता है। यह अक्षमता की भावना है।

धोखाधड़ी का शकिार बनना: कसि चालाकी से काम नकिालवाया जाना कसि पसंद है? फरि से, कसिी को नहीं। यही कारण है कि नफरत का मूल ट्रग्गिर होता है। तुम्हें चालाकी से काम नकिालवाया जाने से नफरत है और तुम चतुराई से मात खाना पसंद नहीं करते हो अब इसका मतलब है कि तुम कभी भी स्थति किेआर नयिंत्रण में नहीं थे। क्या अब तुम समझ रहे हो कि मैं क्यों कह रहा हूँ कि नफरत एक ज़रूरत है?

अपनी गलती को सुधारना: कुछ साथी अपने गलती सुधारने पर इस व्यक्यांश से आपत्तजिताते हैं: "मैं तुम्हारी माँ नहीं हूँ।" हम में से ज्यादातर लोग अपनी माताओं के साथ अपने संबंधों के प्रतसिंवेदनशील होते हैं, इसलिए यह सुझाव देना कहिम अभी भी मूल देखभाल के लिए अपनी माँ के ऊपर नर्भिर हैं या ज़रूरत है, एक समस्या है।
हमें बात करने की ज़रूरत है: कोई भी चार शब्द एक साथी के दलि में इन चार शब्दों के समान डर पैदा नहीं कर सकते हैं - "हमें बात करने की ज़रूरत है।"
अब, वापस जाओ और उन चीजों के बारे में सोचो जो इन चार श्रेणयिों में आती हैं- पसंद करना, पसंद ना करना, अच्छे से ना करना और नफरत होना। ऐसी कुछ चीजें हो सकती हैं जन्हिें तुम खुद पहाई बार स्वीकार करते हो। फरि उन्हें अपने साथी के साथ शयर करते हो, ताकतिुम्हारे साथी तुम्हें समझ पाएँ। यह मत समझो कतिुम्हारे साथी पहले से ही जानते होंगे। यहाँ लक्ष्य यह है कतिुम दोनों अपनी आवश्यकताओं को स्वीकार करो।

इसके बाद, अब तुम्हारे साथी की मुख्य जरूरतों को पूरा करने का समय है। तुम एक रिश्ते में डिस्कनेक्ट के सही कारण को समझने की राह पर हो। एक बार जब तुम अपने साथी की ज़रूरतों को जान लेते हो और समझ लेते हो कि उन्हें कैसे पूरा किया जाए, तो तुम अपने रास्ते पर हो!

तुम्हारे पार्टनर्स की जरूरतें
संतुलन
समानता
सुरक्षा
विश्वास
तुम्हारे साथी को एक अच्छे रिश्ते के लिए यही चहिए
यहीं डिस्कनेक्ट होना शुरू होता है
यदि महिलाएं नहीं होतीं
तो दुनिया में पैसे
का कोई मतलब नहीं होता

अध्याय 6: तुम्हारे साथी के खुश रहने के लिए उनकी ज़रूरतें

जब तुम अपने साथी की ज़रूरतों को पूरा करने में मदद करते हो,
तो तुम सबसे अच्छे साथी बन जाते हो।

क्या तुम अपने साथी को खुश नहीं करना चाहते हो? क्या तुम अपने साथी को प्यार, सम्मान और दोस्ती की नजर से नहीं देखना चाहते हो? क्या तुम नहीं चाहते कि तुम्हारे साथी तुम्हारी ओर ऐसे देखे जैसे बस तुम ही एक चीज़ हो जो मायने रखती है? क्या तुम नहीं चाहते कि तुम्हारे साथी को लगे कि वे तुम पर भरोसा कर सकते हैं? क्या तुम नहीं चाहते कि तुम्हारे साथी को लगे कि वास्तव में तुम ही उनकी रक्षा करोगे? तो यह अध्याय एक बेहतरीन पार्टनरशिप के लिए गुप्त सॉस है। पार्टनरशिप विफल होने का सबसे सरल स्पष्टीकरण यह है कि तुम्हारे साथी की ज़रूरतें पूरी नहीं हो रही थीं। हम इस बारे में बात करेंगे कि तुम्हारे साथी चालाकी क्यों करते हैं और वे क्या सोच रहे हैं (पेंडोरा बॉक्स को खोले बिना)।

याद रखें कि तुम्हारे साथी की चार जरूरतें तुम्हारे सेतु के स्तंभ हैं। जब तुम्हारी जरूरतें पूरी होती हैं, तो नींव मजबूत होती है। तुम्हारे साथी के स्तंभ सेतु को खड़ा रखते हैं। आमतौर पर तुम्हारे साथी ही हैं जो सेतु को पकड़कर घर पर सब कुछ सुचारू रूप से चलते रहते हैं। नींव और स्तंभ मजबूत हैं तो सेतु भी मजबूत है।

ये रहे स्तंभ। तुम उन्हें उनके संक्षिप्त नाम से याद कर सकते हो: BEST। जब तुम अपने साथी को इन चार जरूरतों को पूरा करने में मदद करते हो, तो तुम सबसे अच्छे साथी बन जाते हो।

- संतुलन(Balance)
- समानता(Equality)
- सुरक्षा (Security)
- विश्वास(Trust)

तुम्हारा काम यह सुनिश्चित करना है कि तुम्हारे साथी के स्तंभ कभी क्षतिग्रस्त न हो। तुम्हारी भूमिका अपने साथी की जरूरतों का आदर और सम्मान करना है। ऐसा करने के लिए तुम्हें अपने साथी की जरूरतों को पूरा करना होगा। यह तुम्हारे द्वारा की जा रही चार गलतियों को समझने से शुरू होता है। जब यह लाइटबल्ब चालू हो जाएगा, तो तुम समझ जाओगे कि तुम अपने द्वारा किए गए विकल्पों से अपने साथी को कैसे प्रभावित करते हो। अब तुम्हारे और तुम्हारे रिश्ते के लिए एक नई यात्रा शुरू हो रही है।

सच तो यह है कि तुम्हें अपने व्यवहार में बदलाव करना होगा। याद रखो, तुम नींव हो। नींव को पहले बनाना चाहिए। यह तब शुरू होगा जब तुम जानोगे कि तुम्हारी ज़रूरतें क्यों पूरी नहीं हो रही हैं- लेकिन अगर तुम्हारे साथी की ज़रूरतें पूरी नहीं हुई हैं, तो यह ज़ाहिर है कि तुम्हारी भी पूरी नहीं हो पाएगी। एक बार जब तुम इसे समझ जाओगे, तो आखिरकार हम सुखद पार्टनरशिप के सेम पेज पर आ जाएंगे। अगर तुम असहमत हो, तो मैं केवल शुभ कामनाएँ दे सकता हूँ।

तुम जानोगे कि दैनिक मुद्दे उत्पन्न होने से प्रत्येक स्तंभ प्रभावित होता है। अगर तुम सकारात्मक और सहायक हो, तो स्तंभ अप्रभावित रहते हैं। अगर तुम नकारात्मक और अनुत्तरदायी हो, तो तुम स्तंभ को नुकसान पहुंचाओगे। तुम जितने अधिक नकारात्मक और अनुत्तरदायी रहोगे, उतनी ही अधिक दरारें विकसित होंगी। जितनी अधिक दरारें होंगी, स्तंभ उतना ही कमजोर होगा। अगर चारों स्तंभ कमजोर हैं तो तुम्हारा रिश्ता नीचे गिर कर टूट सकता है। तुम्हारा काम यह सुनिश्चित करना है कि तुम अपने सेतु को स्तंभों में दरारों के बिना बनाए रखो।
दरारों का पता लगाने का एक तरीका यह है कि तुम्हारे साथी तुम्हारा ध्यान आकर्षित करने के लिए शोर करेंगे। तुम इसे नैगिंग के रूप में संदर्भित कर सकते हो। अगर तुम्हारे साथी हर समय तुम पर सवार हैं, तो समझ लो कि तुम्हें बहुत सी दरारें ठीक करनी हैं। बेशक तुम उन्हें अनदेखा कर सकते हो और एक दर्दनाक, बेमेल जीवन जी सकते हो जब तक टूटे हुए टुकडों के समान न रह जाओ।

समझो कि प्रत्येक स्तंभ को ठीक करने पर ध्यान देना होगा और शुरुआत में बहुत काम करना होगा। इसे एक सेतु के रूप में सोचें जिसका कुछ समय से निरीक्षण नहीं किया गया है। यह रातोंरात का प्रोजेक्ट नहीं है। प्रत्येक स्तंभ अद्वितीय है और उन्हें ठीक करने के लिए विशिष्ट टूलों और कौशल की जरूरत होती है। अगर तुम्हें एक फ्लैट हेड की ज़रूरत है पर तुम फिलिप्स-हेड स्क्रूड्राइवर का उपयोग करके किसी समस्या को ठीक करने का प्रयास कर रहे हैं, तो यह काम नहीं करेगा। हम अगले अध्याय में इन सब चीजों के बारे में जानेंगे।
अच्छी खबर यह है कि इन स्तंभों की मरम्मत, एक बार में एक दरार की मरम्मत की जा सकती है। गहरी दरारों में समय लगेगा, लेकिन सावधानीपूर्वक, निरंतर प्रयासों और सही साधनों के साथ,आशा होती है कि यह ठीक हो जाएँगे। आशा जीवन में तुम्हारे साथी के सबसे महान उपहारों में से एक है। बिना उम्मीद के तुम्हारे साथी बहुत पहले जा चुके होते।

तो, आइए तुम्हारे साथी की चार जरूरतों के बारे में जानें और यह सोचना शुरू करो कि प्रत्येक स्तंभ को किनारे लगाने के लिए क्या चाहिए होगा। इससे पहले कि हम प्रत्येक स्तंभ को हुए नुकसान की मात्रा का आकलन कर सकें, आइए थोड़ा धीमा चलें। जब तुम इस अध्याय को पढ़ोगे, तो पिछले अनुभवों को देखकर यह समझने की कोशिश करो कि तुमने अपने साथी की ज़रूरतों को कहाँ नज़रअंदाज़ किया है।

संतुलन

PHONE
रात के खाने पर फोन बंद कर दो
अपने साथी के घर आने पर बस बात करने दो

वालिटी समय महत्वपूर्ण है
ल और शौक को
ंतुलन की जरूरत है

अपने साथी की समस्या
का समाधान न क
एक अच्छा सुनने वाला ब

जरूरत/स्तंभ 1: संतुलन(Balance)

असमान स्तंभ एक अस्थरि, डगमगाते सेतु की ओर ले जाते हैं, और एक सेतु की तरह, एक असंतुलति संबंध को टूटने का जोखमि होता है। संतुलन का अर्थ है जब तुम्हारे साथी को तुम्हारे समर्थन की जरूरत हो, तो उन्हें मदद करने में सक्षम होना, चाहे वह खाना पकाना हो, सफाई करना, कपड़े धोना, करिाने की खरीदारी करना या बच्चों को सुलाना हो। अगर तुम्हारे साथी आमतौर पर यह गतविधियाँ करते हैं और तुम देखते हो कि वे थक गए हैं, तो तुम्हें बनिा पूछे ही मदद करनी चाहिए। बैलेंस स्तंभ में दरारों को ठीक करने की कुंजी है कि अपने साथी की उपेक्षा और उनको अनदेखा करना बंद करो, जैसा कि अध्याय 2 में चर्चा की गई है।

रश्ति के संतुलन को प्रभावति करने वाले दोष

इन कारकों के इर्द-गर्दि ही संबंध संतुलन को चुनौती होती है जसिका सामना हर कोई करता है। हम अगले अध्याय में दैनकि टूल समझेंगे।

- परवािर
- मति्र
- आदतें
- स्वास्थ्य
- शौक और खेल
- बच्चे
- वेंटगि
- काम

और भी जटलि मुद्दे हैं जो संबंध संतुलन को प्रभावति करते हैं, जन्हिें मैं "बैगेज" मुद्दे कहता हूँ। वे हैं

- लत
- अवसाद
- कभी पर्याप्त नहीं
- सदमा

इस कतिाब में कुछ सबसे अधकि उपयोग कएि जाने वाले दैनकि टूल शामलि हैं। अधकि टूल और बैगेज मुद्दों के लएि, यहाँ जाएँ
www.youarerightiamwrong.in

संतुलति संबंध का अर्थ है एक साथ ऐसी स्थिति में आना जसिमें टीम वर्क की जरूरत हो। यह ऐसे क्षण हैं जो तुम्हारे साथी को तुम्हारी पार्टनरशपि की स्थिति पर सकारात्मक रूप से वचिार करने के लिए प्रेरति करते हैं और उन्हें इसके स्वास्थ्य में आत्मवश्विास महसूस कराते हैं। एक स्थरि खांचा खोजने से तुम्हारे नए मानदंड में संतुलन, समानता, सुरक्षा और वश्विास पैदा करने में मदद मलिती है। जब तुम अपने रश्िते में संतुलन पाओगे, तो तुम एक ही सांस में कह पाओगे, "मैं अपने जीवन और मेरे साथी से प्यार करता हूँ"। दोनों सहजीवी हो जाएँगे।

संतुलन बनाने का मतलब है कि जब तुम्हारे साथी काम में बहुत व्यस्त हो जाए, परविार में कोई त्रासदी हो, या मौसम के तहत तबीयत खराब हो जाए और सामान्य टू-डू लसि्ट को पूरा करने के लिए संघर्ष कर रहें हो, तो तुम आगे आओ। मदद करने की पहल करो। अपने साथी के कहने तक नहीं रुको। बच्चों को लेने जाओ, उन्हें फुटबॉल अभ्यास में ले जाओ, रात का खाना बना दो, या घर के काम कर दो। जो भी काम उनके हाथ में हो उसमें भाग लो। यह एक अच्छी तरह से संतुलति घर और संबंध बनाएगा।

यही लेन-देन एक पार्टनरशपि बनाती है। यह एक रश्िते के यनि और यांग दोनों तरह से जाता है। शायद टैउइज़्म में सबसे प्रसद्धि दर्शन, यनि / यांग हमें यह सखिाता है कि दो आधे एक साथ मलिाकर कुछ पूरा बनानते हैं। वे परविर्तन का प्रारंभकि स्थल भी दर्शाते हैं।

यहाँ एक उदाहरण है: शनविार की सुबह है,और उस शाम को तुम 25 दोस्तों के लिए डनिर पार्टी कर रहे हो। इस समय पार्टनरशपि अपने चरम प्रदर्शन पर है। तुम और तुम्हारे साथी दोनों पहले से ही अपनी भूमकिाओं को जानते हैं, और यह सब बनिा कसिी रोक-टोक के हो रहा है। यह उस 50/50 पार्टनरशपि का वास्तवकि प्रदर्शन है जसिके लिए तुम दोनों प्रतबिद्ध हो। तुम्हारे साथी घर सेट करते हैं और मेहमानों का अभविादन करना शुरू कर रहे हैं, तब तुम कुछ संगीत लगाते हो और ग्रलि शुरू करते हो। जब रात का खाना खत्म हो जाता है, तो तुम में से एक बर्तन साफ करता है जबकि दूसरा कॉफी तैयार करता है। जब सब कुछ समाप्त हो जाता है, तब तुम दोनों शारीरकि और मानसकि रूप से थक चुके होते हो, लेकनि इस पूरी प्रक्रयिा के दौरान अपेक्षाकृत कम तनाव था, जसिसे तुम डनिर पार्टी का पूरा आनंद ले सके। तभी तुम्हें एहसास होता है कि इस बात का कोई बहाना नहीं होने चाहिए कि तुम और तुम्हारे साथी के बीच हमेशा इस तरह की संतुलति पार्टनरशपि क्यों नहीं हो सकती है।

अपने आप से सवाल पूछो: तुम्हारी पार्टनरशिप में उस स्तर के संतुलन के रास्ते में क्या आता है? क्या तुम्हें लगता है कि जब तुम अपने शौक या खेल में व्यस्त होते हो तो संतुलन होता है? आकार में रहना एक बात है, लेकिन अगर तुम हर सप्ताहांत गेंदबाजी या सॉफ्टबॉल लीग, सॉकर, गोल्फ या अन्य गतिविधियों में खेल रहे हो, फिर घर आकर एक के बाद एक गेम देख रहे हो, फिर रात के खाने पर अपनी फैंटेसी बेसबॉल या फ़ुटबॉल टीम पर काम कर रहे हो, तो संतुलन के लिए समय कहाँ बचेगा। अगर, रविवार की सुबह, तुम सोते हुए खेल कमेंटेटरों को सुन रहे हो, तो तुम्हारे साथी के लिए समय नहीं मिलेगा। यह एक संतुलित पार्टनरशिप नहीं है। किसी को रास्ता देना होगा, और उम्मीद है, रास्ता देने वाले तुम्हारे साथी नहीं है।

अध्याय 2 में, मैंने समझाया कि एक साथी के रूप में पहली गलती थी अपने साथी की उपेक्षा या उसको अनदेखा करना। इसका सीधा असर संतुलित स्तंभ पर पड़ता है। इसलिए, यह सुनिश्चित करना तुम्हारा काम है कि दैनिक मुद्दों पर तुम्हारे साथी का संतुलित स्तंभ क्षतिग्रस्त न हो।

समानता

तुम्हारे साथी की
आवाज सुनना

ज़रूरत/स्तंभ 2: समानता(Equality)

एक रिश्ते में, समानता का मतलब है कि तुम अपने साथी के विचारों, राय और सुझावों का इस तरह से सम्मान करते हो जिससे यह सुनिश्चित होता है कि तुम्हारे साथी की भी मर्ज़ी शामिल है। तुम्हारा साथी उन चीजों को स्वीकार करता है जो तुम उनके लिए करते हो। बदले में, तुम अपने साथी को हर उस चीज़ के लिए स्वीकार करो जो वे तुम्हारे लिए करते हैं। अगर तुम्हारे साथी पूरी तरह से खुल के रहते हैं और ईमानदार हैं, तो तुम्हारे उसी तरह से रहने में ही आपसी सम्मान होता है।तुम अपने साथी के साथ वैसा ही व्यवहार करो जैसा तुम चाहते हो कि वे तुम्हारे साथ करें- या उससे भी बेहतर। तभी तुम एक समान पार्टनरशिप के रास्ते पर हो। समानता स्तंभ में दरारों को ठीक करने की कुंजी पार्टनरशिप में अधिकार महसूस करना बंद करना है, जैसा कि अध्याय 2 में चर्चा की गई है।

संबंध के समानता को प्रभावित करने वाले दोष

यहाँ दैनिक मुद्दे हैं जिन्हें अगर सही तरीके से नहीं निपटाया गया तो वे तुम्हारी पार्टनरशिप को प्रभावित कर सकते हैं। हम अगले अध्याय में दैनिक टूल समझेंगे।

- बहस
- संघर्ष से बचना
- विश्वास
- सराहना की कमी
- परस्पर आदर
- स्वार्थ
- जवाबदायित्व शयर करना
- आवाज़

बैगेज मुद्दे जो समानता को प्रभावित करते हैं

- प्रतिबद्धता
- हिसाब बराबर रखना
- सह-निर्भरता
- नाराज़गी

इस किताब में कुछ सबसे अधिक उपयोग किए जाने वाले दैनिक टूल शामिल हैं।
अधिक टूल और बैगेज मुद्दों के लिए,यहाँ जाएँ
www.youarerightiamwrong.in

समानता के वपिरीत असमानता है। अपने साथी को टोकना और जब तुम उनकी बात से असहमत हो तो उनकी बात को काटकर अपनी बात बोलना। असमानता वो सोच है कि सभी नरि्णय तुम्हारे होने चाहिए। असमानता वो है जब तुम्हारे साथी दोस्तों, परविार या मेहमानों के सामने तुम्हारे चारों ओर पनि और सुइयों पर चलते हैं। असमानता वो है जब तुम चलि्लाते हो, चीजों को पटकते हो, या अपनी बात रखने के लिए कमरे से बाहर नकिल जाते हो। कसिी भी समस्या पर चर्चा करते समय तुम्हारे साथी को यह बोलना कि वे "समझ नहीं पाएंगे" असमानता है।

अधकिार की भावनाओं से बचने के लिए दोनों पक्षों को सहकारी व्यवहार को प्रस्तुत करने और अभ्यास करने के लिए तैयार होना चाहिए। अब यहाँ तुम्हें अपने अहंकार को दरवाजे पर छोड़ देना चाहिए।

उदाहरण के लिए, क्या तुम्हारे साथी आमतौर पर रात का खाना बनाते हैं? मान लीजिए कि एक रात तुम घर आते हो, और तुम्हारे साथी घर पर नहीं हैं। तुम्हारी पहली प्रतक्रियिा क्या होगी? अगर तुम्हारा जवाब अपने साथी को फोन करना और पूछना है कि वे रात का खाना बनाने के लिए घर कब आएंगे, तो तुम हार गए! अगर तुम्हारा जवाब अपने लिए टीवी डनिर में पॉप करना है, एक बयिर लेना है, और गेम चालू करना है, तो तुम जीत गए! मजाक था। तभी भी तुम हार गए। इसका जवाब है कि रसोई में जाओ और रात का खाना बनाओ, ठीक वैसे ही जैसे तुम्हारे साथी करते।

घर में खाना या करिाने का सामान नहीं है? तुम अपनी कार में बैठो और करिाने की दुकान पर जाओ और करिाने का सामान खरीदो। फरि तुम घर आओ, रेसपिी पढ़ो और डनिर बनाओ। अगर तुम स्मार्ट हो, अपने साथी के घर आते ही कहो कि तुम उन्हें याद कयिा, उन्हें चुंबन दो, और रात का खाना सर्व करो। जब हो जाए, तो सब कुछ साफ कर लो। ये है समानता, यह है पार्टनरशपि, यह है प्रेम। तुम जीत गए!

समानता सम्मान करने में है और अपने साथी की जरूरतों और आवाज को अपने जतिनी ही महत्वपूर्णता दें। अपने साथी के साथ वैसा ही व्यवहार करो जैसा तुम चाहते हो कि तुम्हारे साथ कयिा जाए, कोई प्रतवािद नहीं। जब तुम दोस्तों के साथ बाहर हों और अपने साथी की बात से सहमत नहीं हों, तो बीच में न टोकें। अपने साथी को खत्म करने दें, खासकर जब तुम असहमत हो। कोई भी नहीं चाहता कि उनको टोका जाए, उनकी बात को काटा जाए, या इससे भी बदतर, चलि्लाया जाए। चीखने चलि्लाने से, नचिले वार से, या अपमानजनक होकर ही असहमति का अंत ज़रूरी नहीं। दोआधे भी पूरे के बराबर होते हैं, और यह 50/50 का वभिाजन है। 75/25 नहीं, जसिका अर्थ है कि सभी नरि्णयों में से 75 प्रतशित तुम्हें करने को मलिेंगे। सोच लो?

चीखना या चिल्लाना सीखना आमतौर पर अतीत से एक खराब प्रोग्रामिंग आदत है और इसे कभी भी आगे नहीं बढ़ाया जाना चाहिए। यह बेकार वातावरण को जगह देता है। यहाँ लक्ष्य अपने साथी की दुनिया को मज़ेदार बनाना है। अपने साथी को इतनी अच्छी तरह से जानना है कि, तुम उनके जानने से पहले ही अनुमान लगा लो कि उन्हें क्या चाहिए। यह सचमुच संभव है। मैंने इसे साबित कर दिया है, और यह मेरे साथी को पागल बनाता है कि मैं उन्हें कितनी अच्छी तरह से जानता हूँ। जब तुम उस लक्ष्य तक पहुँच जाते हो, तो तुम वह होंगे जिसके बारे में तुम्हारे पार्टनर, मित्रों और परिवार से बात करना बंद नहीं करेंगे, और जिसे वे वास्तव में प्यार करेंगे।

सुरक्षा

भावनात्मक समर्थन महत्वपूर्ण है

सीमाओं का निर्धारण

वित्तीय जोखिम लेना बंद करो

साथी को नाराज़ करना बंद करो

चालाकी बंद करो

जरूरत/स्तंभ 3: सुरक्षा

साथी रश्ति में तब सुरक्षति महसूस करते हैं जब वे जैसे हैं वैसे रह सकें, खुले तौर पर संवाद कर सकें और भावनात्मक रूप से सुरक्षति महसूस कर सकें। पार्टनरशपि में सुरक्षा की कमी कई जटलिताएं पेश कर सकती है, जैसे संदेह, भ्रम, ईर्ष्या और उदासी। सुरक्षा स्तंभ में दरारों को ठीक करने की कुंजी पार्टनरशपि में झूठी उम्मीदों को स्थापति करना बंद करना है, जैसा कि अध्याय 2 में चर्चा की गई है।

रश्ति की सुरक्षा को प्रभावति करने वाले दोष

यहाँ दैनकि मुद्दे हैं जन्हिं अगर सही तरीके से नहीं नपिटाया गया तो वो तुम्हारी पार्टनरशपि को प्रभावति कर सकते हैं। हम अगले अध्याय में दैनकि टूल को समझेंगे।

- भावनात्मक सहारा
- प्यार महसूस करना
- वत्ति
- ईर्ष्या द्वेष
- चालाकी
- तनाव
- मनोवृत्ति
- वज़न

बैगेज मुद्दे जो संबंध सुरक्षा को प्रभावति करते हैं

- गाली देना
- वत्ति
- माफी
- आत्म सम्मान

इस कताब में कुछ सबसे अधकि उपयोग कए जाने वाले दैनकि टूल शामलि हैं। अधकि टूल और बैगेज मुद्दों के लए,
यहाँ जाएँ
www.youarerightiamwrong.in

अपने साथी को हर तरह से सुरक्षति महसूस कराना तुम्हारी जदिंगी के लक्ष्यों में से एक होना चाहिए। अगर तुम कभी कसिी अन्य इंसान के साथ फ़्लर्ट करते हो या अत्यधकि मत्रिवत व्यवहार करते हो, तो यह तुम्हारे साथी में जलन पैदा कर सकता है। अगर तुम पैसे की बर्बादी कर रहे हो, तो तुम अपने साथी की सुरक्षा की जरूरत को ट्रगिर कर रहे हो।

एक रश्ति में सुरक्षा तब आती है जब साथी एक दूसरे को पूरी तरह से साथी के समर्थन प्रणाली के भीतर

स्वतंत्र रूप से काम करने के लिए सशक्त बनाते हैं। इससे मानसकि और भावनात्मक संतुलन बना रहता है। शब्द "साथी पर नर्भिर" में सुरक्षा स्तंभ को ठीक करने या बनाए रखने के लिए दोनों मेटफॉरकिल और लटिरल अनुप्रयोग हैं। इसका मतलब है कि तुम कठनिाइ के वक़्त सुनने और बात करने के लिए मानसकि, शारीरकि और भावनात्मक रूप से मौजूद रहोगे।

अगर तुम्हारे साथी तुम्हारे रश्ति में असुरक्षति महसूस करते हैं, तो इसका कारण यह है कि तुमने वह स्वर सेट कयिा है। यह सुनकर तुम्हारी पहली प्रतक्रियिा असहमती हो सकती है। इसके बाद, तुम रक्षात्मक, क्रोधति या नराश भी महसूस कर सकते हो। पर यही सच है। यह असंतोष की छोटी-छोटी टोक, अपमान और टप्पिणयिां हैं जो तुम्हारी पार्टनरशपि में तुम्हारे साथी की सुरक्षा की भावना को ठेस पहुँचाती हैं।

उदाहरण के लिए, तुम जानते हो कि तुम्हारे साथी का वजन उन्हें आत्म-जागरूक बनाता है, लेकनि तुम तब भी वन-लाइनर्स कहते हो जो उनकी भावनाओं को ठेस पहुँचाते हैं। या जब वे घंटों खरीदारी करके आते हैं, और वो घर आकार पूछते हैं कि वे कैसे दखि रहे हैं, और तुम कहते हो कि उन्हें तुम्हारी चीज़ पसंद नहीं आई। यह सब तुम्हारे साथी की सुरक्षा में एक भूमकिा नभिाता है। तुम अपने साथी को सशक्त बनाने और उन्हें प्यार का एहसास कराने या अपमानति कराने और उन्हें आत्म-जागरूक और अपर्याप्त महसूस कराने के पूर्ण नयिंत्रण में हो। यही कारण है कि तुम अपनी प्रतक्रियिाएँ समझदार से नहीं देने के दोषी हो। नकारात्मक टप्पिणी करने के बजाय, सकारात्मक टप्पिणी करो, या तुम अकेले ही अपने साथी के सुरक्षा स्तंभ में दरार डाल सकते हो।

साथ ही जब तुम्हारे साथी से अनबन हो जाती है और तुम अपने साथी को दोस्तों के सामने नीचा दखिाना शुरू कर देते हों, तो तुम उनकी शर्मिंदगी और असुरक्षा के दोषी होते हो। तो अगली बार इससे पहले कि तुम गुस्से से बोलो, अकड़ दखिाओ,और घर को उड़ा दो, तो रुक जाओ और अपने साथी के साथ सम्मान के साथ पेश आओ और बातचीत करो।

समझो कि तुम्हारे साथी को सुरक्षित महसूस करने के लिए वित्तीय सुरक्षा की जरूरत है। उदाहरण के लिए, तुमने बहुत सारा पैसा बचाया, और अब तुम अपना पैसा निवेश करना चाहते हो, लेकिन तुम्हारे साथी को लगता है कि यह जोखिम भरा है। यह एक मार्मिक है, क्योंकि यह सपने देखने और बड़ा सोचने की तुम्हारी अपनी जरूरत को प्रभावित करता है। तुम्हारे साथी को लगता है कि तुम्हें इसे अपने दिमाग से सुरक्षित निवेश में लगाना चाहिए। यहाँ दुविधा होगी। अगर तुम अपना कदम उठाते हो, तो तुम अपने साथी की सुरक्षा की जरूरत को ट्रिगर करोगे, और अगर तुम नहीं करते हो, तो तुम अपनी लाइक जरूरत को ट्रिगर करोगे। यहीं से तुम्हारे समझौते और बातचीत का पाठ शुरू होता है। याद रखो, इसके लिए तुम्हें देना और लेना सीखना होगा। कभी-कभी, तुम अपने सपनों को साकार कर सकते हो, और कभी-कभी, तुम्हें अपने साथी को उनके सपनों को साकार करने में मदद करनी होगी। पार्टनरशिप में सुरक्षा लाने के लिए तुम्हारा सपोर्टिव होना बहुत ज़रूरी है।

विश्वास
पैसे के मुद्दे
विश्वास
सफेद झूठ
रोक की जानकारी
Gonzalo

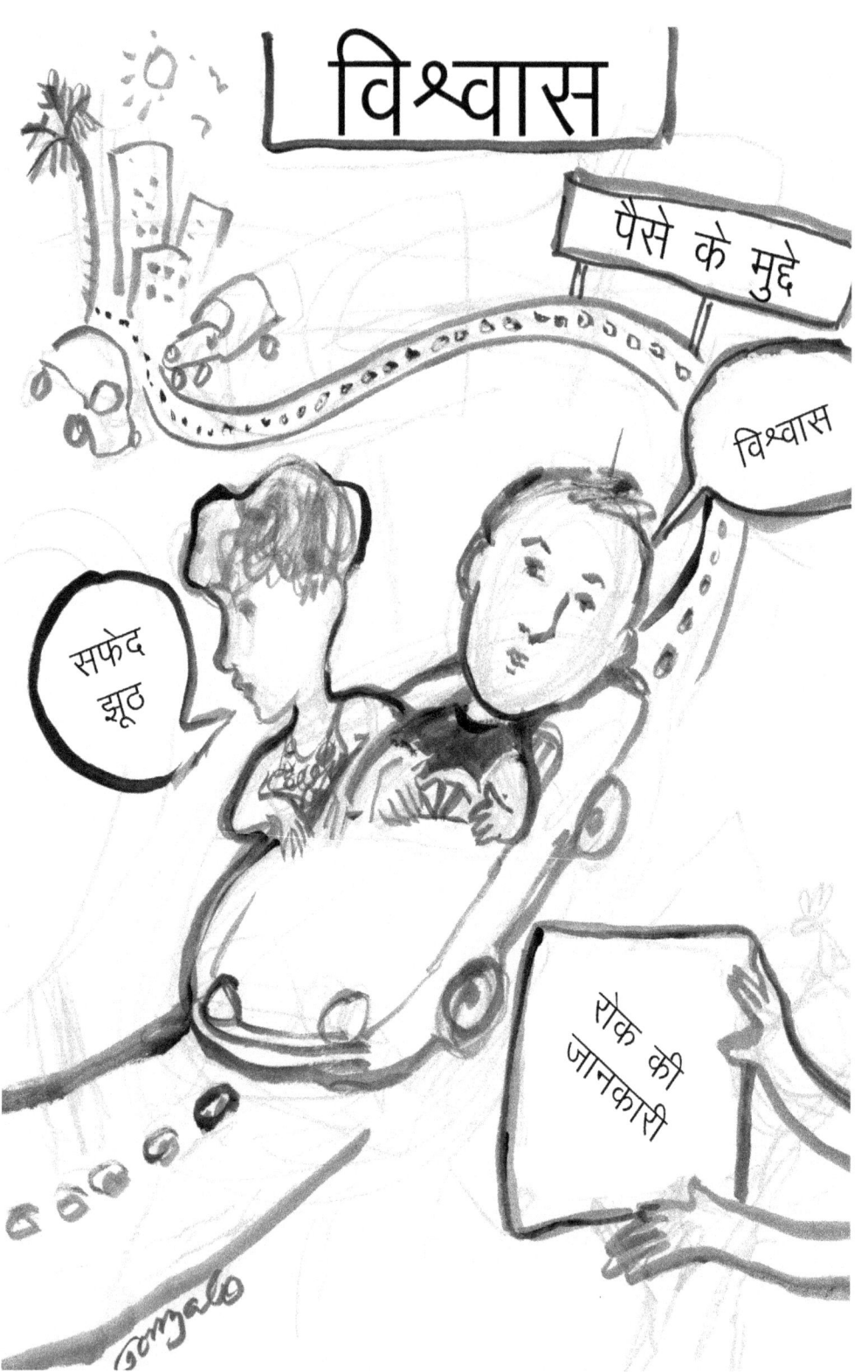

जरूरत/स्तंभ 4: वशि्वास

अगर भरोसा नहीं है, तो तुम्हारे पास वास्तव में है क्या?

एक सफल रशि्ते की नींव में वशि्वास जरूरी है। जब वशि्वास की कमी होती है, तो इसका परणिाम होता है अस्थरि पार्टनरशपि। वशि्वास सबसे महत्वपूर्ण रशि्ते की जरूरत है। वशि्वास स्तंभ को वज़न संभालने वाले स्तंभ के रूप में सोचें, जो क्षतग्रिस्त होने पर, एक ही समय में सभी स्तंभों को प्रभावति कर सकता है। वास्तवकि और न भरने वाले धोखे के साथ, तुम्हारा सेतु एक पंख नहीं पकड़ सकेगा, तो और कुछ क्या संभालेगा। वशि्वास स्तंभ में दरारें ठीक करने की कुंजी झूठ और रहस्यों को रोकना है, जैसा कि अध्याय 2 में चर्चा की गई है।

रशि्ते के वशि्वास को प्रभावति करने वाले दोष

यहाँ दैनकि मुद्दे हैं जन्हिें अगर सही तरीके से नहीं नपिटाया गया तो वे तुम्हारी पार्टनरशपि को प्रभावति कर सकते हैं। हम अगले अध्याय में दैनकि टूल में शामलि होंगे।

- सीमाएं
- ईमानदारी
- आत्मीयता
- जीवन शैली
- संबंध गतशीलता
- द्वतीय अनुमान
- तकनीक
- सफेद झूठ

बैगेज मुद्दे जो संबंध वशि्वास को प्रभावति करते हैं

- परति्याग
- वयिोग
- दोहरा जीवन
- गंभीर झूठ

इस कताब में कुछ सबसे अधकि उपयोग कए जाने वाले दैनकि टूल शामलि हैं। अधकि टूल और बैगेज मुद्दों के लिए, यहाँ जाएँ
www.youarerightiamwrong.in

सम्मान की तरह, वश्विास भी आपसी होना चाहिए। तुम्हें वश्विास होना चाहिए कि तुम अपने साथी पर भरोसा कर सकते हो। वश्विास के बनिा, तुम्हारे साथी पर संदेह पैदा हो जाता है। वश्विास तुम्हारे रश्िते में स्वतंत्रता देता है। जब वश्विास मौजूद नहीं होता है, तो नकारात्मक धारणाएं असुरक्षा की ओर ले जाती हैं जो तुम्हारी पार्टनरशपि पर प्रतबिंध लगाती हैं। अवश्विास अंदर तक जा सकता है। यही कारण है कि जब समस्याएँ आती हैं तो साथी अत्यधकि नयिंत्रण करने वाले हो जाते हैं। यही कारण है कि सफेद झूठ सर्फि सफेद झूठ नहीं र जाता है। वे हमेशा धोखे के संकेतक होते हैं। इसलएि जब तुम एक सफेद झूठ में फंस जाते हो, तो यह एक बड़ी लड़ाई में बदल सकता है।
कसिी को भी अधेरे में रखा जाना पसंद नहीं है। झूठ वश्विास पर आक्रमण करता है। जब कसिी साथी के भरोसे का तोड़ा गया हो, तो उस भरोसे को वापस पाने के लिए संघर्ष करना पड़ता है। कुछ रश्िते शुरू से ही एक-दूसरे पर तब तक भरोसा रखते हैं जब तक कि उस भरोसे के टूटने की कोई वजह नहीं होती है। अन्य लोग अपने संबंधों में पीछे से चलते हैं और धीरे-धीरे समय के साथ वश्विास करना शुरू करते हैं। बाद के कस्सि में, वश्विास समय के साथ अर्जति कयिा जाता है और इससे पहले कि दोनों साथी संदेह की छाया से परे "मुझे तुम पर भरोसा है" कह सकें, वभिन्नि परीक्षणों के माध्यम से मापा जाता है।

आइए अपने जीवन के ऐसे समय के बारे में सोचें जब तुम्हारे साथी ने तुम्हें राजी करने की कोशशि की हो यह बताने के लिए कि तुमने थोड़ा सफेद झूठ बोला था। उन्हें इस पर शक क्यों हुआ? क्योंकि उन्हें लग रहा था कि तुम कुछ अंदर रखे हुए हो। उन्होंने तुमसे कसिी ऐसी चीज़ के बारे में एक सवाल पूछा जसिका जवाब वे पहले से जानते थे, बस यह देखने के लिए कि तुम क्या कहोगे। चलो इसे व्हाइट लाई टेस्ट कहते हैं। समय-समय पर, तुम्हें जांचने के लिए यह परीक्षण करवाए जाएँगे यह देखने के लिए कि क्या तुम ईमानदार हो। अगर तुम सही जवाब देते हो, तो जीवन बहुत अच्छा होगा। अगर तुम असफल होते हो, तो तुमने अनजाने में अपने साथी को सावधान रहने और अतरिक्ति परीक्षण करने की अनुमति दे दी है, यहाँ तक कि तुम्हारे फ़ोन और ईमेल की जाँच करने की भी। तुमने सबकुछ खराब कर दयिा है। रश्िते में बेहतर नर्णिय का उपयोग करने का प्रयास करें।

तुम्हें एक खुली कतिाब बनने की जरूरत है।

अपने साथी को सब कुछ बताकर तुम एक खुली कतिाब बन सकते हो। अगर तुम्हारे साथी को कसिी भी कारण से असुरक्षा महसूस होती है,और तुम्हारे पास छपिाने के लिए कुछ नहीं है, तो एक खुली कतिाब होना पार्टनरशपि में वश्विास वापस लाने का सबसे तेज़ तरीका है। अपने साथी को अपने फ़ोन और ईमेल का एक्सेस दे दें।इससे तुम्हारे साथी को मानसकि शांति मिलिेगी। यह कसिी भी चतिा का समाधान कर सकता है। अगर तुम ऐसा करते हो, तो तुम्हें तुम्हारी स्वतंत्रता वापस मलि जाएगी।

एक सबक जो तुम्हें अपने दमिाग में सहेजने की जरूरत है: ऐसा कुछ भी करना गलत है जो तुम नहीं करोगे अगर तुम्हारे साथी एक ही कमरे में होते। दूसरे शब्दों में, अगर तुम्हारे साथी तुम्हारे बगल में खड़े होते, तो क्या तुम उस दूसरे इंसान को संदेश भेजते? अगर जवाब नहीं है, तो यह गलत है, और तुम एक सीमा पार कर गए हो और धोखाधड़ी के ग्रे क्षेत्र में चले गए हो। क्या कसिी सहकर्मी को छेड़छाड़ वाले टेक्स्ट भेजे रहे हो, दूसरों को नजिी जानकारी दे रहे हो, या कसिी एक्स से संबंधति हैं, और तुम्हारे साथी को इसकी जानकारी नहीं है? तो रुक जाओ। तुम जो कुछ भी कर रहे हो वह वश्विास का उल्लंघन है, और तुम अपनी स्वतंत्रता खो दोगे।

आइए एक और तरह के भरोसे के बारे में बात करते हैं। जब तुम प्लंबगि, रीमॉडेलगि या कार पर काम करने जैसे कोई काम पूरे करते हो, तो समझो कि तुम्हारा साथी तुम्हें देख रहा है, और जब तुम इन प्रोजेक्ट्स को पूरा करते हो तो तुम सम्मान और वश्विास अर्जति कर रहे हो। प्रोजेक्ट जतिने जटलि होंगे उतना ही अधकि सम्मान अर्जति होगा। दूसरी ओर, जब तुम प्रोजेक्ट को पूरा नहीं करते हो या एक खराब काम कर देते हो, तो समझ जाओ? कोई सम्मान नहीं मलिेगा, और काम पूरा करने के बावजूद अपने साथी का वश्विास खो दोगे।

तुम्हारे साथी "मैं तुम पर भरोसा नहीं कर सकता/सकती" जैसे शब्दों का उपयोग करके भी बुलाएँगे या सुझाव देंगे, "तुम काम पूरा करने के लिए कसिी और को क्यों नहीं लेते/लेती?" कोई काम जतिना अधकि समय तक अधूरा रहेगा, उतना ही तुम्हारे साथी उसे पूरा करने की तुम्हारी क्षमता पर सवाल उठाएगें। पागलपन की बात यह है कि ज्यादातर लोग भरोसे के मुद्दों को अधूरे प्रोजेक्ट्स से नहीं जोड़ते हैं। जब तुम कहते हो कि तुम कुछ कर दोगे, तो कर दो। इससे भी महत्वपूरण बात है कि, इसे पूरा करो। एक अतप्रिाप्तकर्ता बनो। कोई अच्छा काम करने के लिए कड़ी मेहनत करो ताकि तुम्हारे साथी तुम पर भरोसा कर सकें।

रीसेट बटन

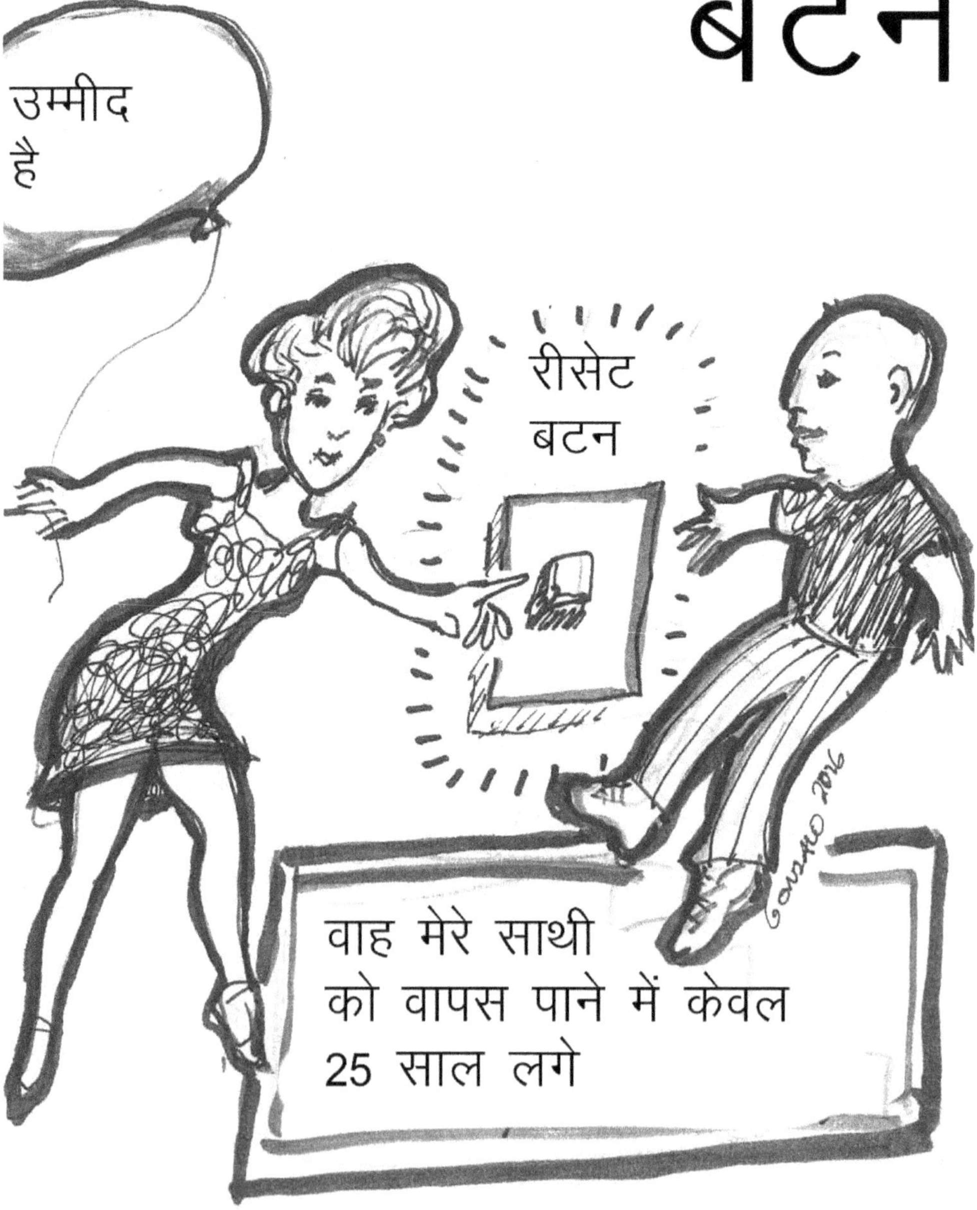

भाग 3: अपनी पार्टनरशपि वापस पाने के लिए रीसेट करें

संबंध संतुलन के लिए दैनिक उपकरण

काम
तर्क
प्रेम
तनाव
वज़न
मिजाज
दोस्ती

प्रशंसा
मान्यताएं
सीमाओं
सफेद झूठ
लाइफ स्टाइल
बुरी आदतें
सेकंड गेसिंग
शौक और खेल
जिम्मेदारियाँ बांटना

अध्याय 7: संबंध संतुलन के लिए दैनकि टूल्स

तुमने अल्बर्ट आइंस्टीन का प्रसदि्ध उद्धरण सुना होगा: "एक ही काम को बार-बार करना और वभिन्नि परणिामों की उम्मीद करना पागलपन है।" तुम पागल नहीं हो, इसलिए अब तुम्हारे काम को बदलने का समय आ गया है ताकि तुम अपने रश्तिे के लिए एक अलग-बेहतर-परणिाम प्राप्त कर सको।

अब जब तुम यहाँ तक आ चुके हो, तो आओ रीसेट प्रक्रयिा शुरू करें। लेकनि इससे पहले कि हम टूल में गोता लगाएँ, अपने आप को बस कुछ देर के लिए वरिाम दो। दौड़ने के लिए जाओ, मेडटिेट करो.... कसिी भी तनाव को, अपने साथी के लिए नकारात्मक वचिारों को, या बस नाराज़गी को दूर करने के लिए तुम्हें जो कुछ भी करना पड़े वो करो। अपने आप को थोड़ा समय दो, ताकि तुम नए सरिे से और सकारात्मक दृष्टकिोण के साथ इन टूल्स पर वापस आ सको।

ये वो हसि्सा है जसिकी तुम प्रतीक्षा कर रहे हो: तुम्हारे सेतु को ठीक करने के टूल। तुम्हारे साथी के चार स्तंभों की मरम्मत कहाँ से शुरू करनी है, अब यह समझना बहुत सरल होना चाहिए। यह अध्याय तुम्हें दैनकि मुद्दों के कुछ उदाहरण देगा, जसिमें तुम्हारे और तुम्हारे साथी के लिए प्रश्नों की एक लसि्ट होगी और साथ ही व्यावहारकि सुधार के लिए टूल भी दएि जाएँगे।

यह अध्याय उच्च-स्तरीय मुद्दों को संबोधति करता है।
अधकि उदाहरणों, टूल और सलाह के लिए यहाँ जाएं
www.youarerightiamwrong.in

सवाल उस आह-हा पल के लिए एक मौका हैं! तुम्हारे और तुम्हारे साथी के जवाबों से तुम आश्चर्यचकति (और मोहति) हो सकते हो। याद रखें, सवाल एक-दूसरे के बारे में अधकि जानने के लिए एक वास्तवकिता परीक्षण हैं—एक दूसरे को आंकने के लिए नहीं हैं। चाहे तुम और तुम्हारे साथी के जवाब अच्छे हों, बुरे हों, या उदासीन हों—और तुम सहमत हों या असहमत हों—ये सवाल तुम दोनों को एक ही खेल मैदान पर खेलने में मदद करते हैं। यहाँ लक्ष्य अपने सेतु को ठीक करना या बेहतर बनाए रखना है।

अगर तुम अपने साथी की टप्पिणयिों से आहत और नाराज होने लगो, तो पीछे हट जाओ और बाद में उन्हें फरि से देखो। तथ्य यह है कि जब कुछ दैनकि मुद्दों को संबोधति कयिा जाता है, तो वे अतीत से नाराजगी और दर्द ला सकते हैं। यह फक्सिगि प्रक्रयिा का हसि्सा है। तुम्हें अतीत को स्वीकार करना और ठीक करना होगा ताकि तुम भवष्यि में एक बेहतर पार्टनरशपि की ओर बढ़ सको। उन्हें एक-एक करके नपिटाओ, जब तक

मित्र

एक साथी तुम्हारे दोस्तों को तब पसंद करता है
जब वे तुम्हारी स्पेस का सम्मान करते हो।
दोस्त जरूरतमंद, मांगलिक,
अनुचित और स्वार्थी भी हो सकते हैं,
जिससे तुम्हारे साथी उन्हें नापसंद कर सकते हैं।

दोस्ती का संतुलन बनाए रखना

अगर तुम सहमत नहीं हो तो
तुम एक साथ कहानी नहीं लिखि सकते हो।

दोस्ती दमिाग के उस हसि्से को प्रज्वलति करती है जसिसे तुम अच्छा महसूस करते हो। दोस्त तुम्हें तनाव से नपिटने और बेहतर जीवन वकिल्प चुननें में मदद करते हैं। दोस्त तुम्हें नयिंत्रण में रखते हैं। वे तुम्हें जमीन पर रखते हैं और तुम्हारा मनोबल बढ़ाते हैं।

एक साथी तुम्हारे दोस्तों को तब पसंद करता है जब वे तुम्हारे स्थान का सम्मान करते हैं, उचति और मज़ेदार होते हैं, और तुम्हारे साथी के लिए उन्हें स्वीकार करना आसान बनाते हैं। दोस्त जरूरतमंद, रौब जमाने वाला, अनुचति और स्वार्थी भी हो सकते हैं, जसिसे तुम्हारे साथी उन्हें नापसंद कर सकते हैं। उम्मीद है, तुम्हारे पास उस तरह के दोस्त नहीं हैं जो कसिी भी समय कॉल करते हैं और उम्मीद करते हैं कि उनसे बात करने के लिए तुम जो भी कर रहे हो उसे छोड़ दो।

अगर तुम सावधान नहीं हो, तो दोस्तों के पास एक रशि्ते को नष्ट करने की सबसे महत्वपूर्ण क्षमता होती है। क्यों? वर्षों से बनाए गए बंधन और वशि्वास के कारण। दोस्त कठनि नर्णियों पर लिए गए तुम्हारे नर्णिय पर तुम्हारे साथी से सवालचहि्न लगवा सकते हैं। अपने साथी के बात पर कसिी दोस्त की सलाह लेना परेशानी माँगना है।

इसी तरह, ध्यान दो कि तुम अपने दोस्तों के साथ कतिनी गंदी लॉन्ड्री शेयर करते हो। सलाह के लिए दोस्तों के पास जाना स्वाभावकि है। लेकनि बहुत सारे दोस्त और बहुत सारी आवाजें तुम्हारे रशि्ते के लिए खतरनाक हो सकती हैं, खासकर उन मुद्दों के बारे में जनि्हें नजिी रखा जाना चाहिए।

तो क्या तुम्हें सबसे अच्छे दोस्तों में प्रतसि्पर्धा करनी चाहिए? नहीं करनी चाहिए। दोस्तों के सह-अस्तति्व को कैसा होना चाहिए इस बात पर तुम अपने साथी के साथ सहमति होना स्वीकार करो और सुनशि्चति करो। लेकनि कभी-कभी दोस्ती संतुलन से बाहर हो जाती है या सीमाओं को पार कर जाती है। अगर ऐसा होता है, तो इसे अपने साथी के सामने स्वीकार करना और कहना ठीक रहेगा कि, "तुम सही, मैं गलत।

तुम्हारे और तुम्हारे साथी के लिए सवाल:

क्या तुम्हें मेरे दोस्त पसंद हैं?

क्या तुम इस बात से समझौता करते हो कि तुम फोन पर या व्यक्तिगत रूप से दोस्तों के साथ कितना समय बिताते हो?

क्या तुम अपने संबंधों के बारे में दोस्तों के साथ कितनी जानकारी शयर करते हो, इस पर तुम अपनी सीमाओं में हो?

क्या तुम्हारे दोस्त कभी तुम्हारी सीमाओं को लांघते हैं? क्या वे हमसे वे काम करवाते हैं जिन पर हमें पछतावा होता है?

क्या तुम्हारा कोई दोस्त बहुत जरूरतमंद है?

क्या तुम्हारे दोस्त हमारे निजी जीवन में काफी ज्यादा शामिल हो जाते हैं?

क्या तुम्हारे दोस्त अप्रत्याशित रूप से आ जाते हैं? क्या तुम कभी चाहते हो कि वे ऐसा न करें, लेकिन तुमने कभी कुछ नहीं कहा या उसके लिए कोई बहाना बना लिया?

क्या तुम्हारे दोस्त व्यक्तिगत रूप से या जोड़े के रूप में तुम्हारे फायदा उठाते हैं?

क्या तुम कभी अपने दोस्तों को कुछ माना करते हो?

क्या तुम्हें लगता है कि तुम्हारे दोस्त तुम्हें बुरी सलाह देते हैं?

क्या तुम्हें लगता है कि तुम्हारे दोस्त मतलबी या प्रतिशोधी हो सकते हैं?

क्या तुम्हें लगता है कि तुम उन दोस्तों को छोड़ सकते हो जो तुम्हारे रिश्ते के लिए अच्छे नहीं हैं? क्या तुम्हें लगता है कि तुम अपनी दोस्ती के प्रति प्रतिबद्धता से पहले एक-दूसरे के प्रति अपनी प्रतिबद्धता को प्राथमिकता देते हो?

दोस्ती के संतुलन के लिए टूल: सेम पेज

जब दोस्तों की बात आती है, तो असली मुद्दा यह है कि साथी ऐसा महसूस कर सकते हैं कि वो हमेशा तुम्हारे दोस्तों के साथ या तो समय में या ध्यान में, प्रतिस्पर्धा कर रहे हैं। यह पार्टनरशिप के भीतर नाराजगी पैदा कर सकता है।

दूसरी बात वो होती है कि अगर तुम्हारे साथी तुम्हारे दोस्तों को पसंद या स्वीकार नहीं करता है। पुराने दोस्त भी ऐसा महसूस कर सकते हैं कि वे तुम्हारे साथी के साथ प्रतिस्पर्धा कर रहे हैं। इसका मतलब यह हो सकता है कि तुम्हारे साथी चाहेंगे कि तुम अपनी सबसे अच्छे दोस्ती को खत्म कर दो, या तुम्हारे दोस्त को अगर खतरा महसूस होगा तो वो चाहेंगे कि तुम अपने रिश्ते से बाहर हो जाओ। जो तुम्हारे रिश्ते में ड्रामा ला सकता है।

सेम पेज टूल एक तरीका है जिससे तुम अपने साथी के साथ तुम्हारे मित्र के मुद्दों को खुलकर सामने रख सकते हो और साथ-साथ उनको अपने दोस्तों के बारे में खुलकर बात करने को कह सकते हो। आखिर तुम्हारे साथी ही तुम्हारे बेस्ट फ्रेंड होना चाहिए। जब तुम वास्तविक मुद्दों को समझ लोगे, उनको दूर करना तुम्हारा काम है।

एक्शन आइटम
संवाद करो
दोस्त कैसे फिट होते हैं।

दोस्ती को फिर से परिभाषित करने का समय आ गया है। पार्टनरशिप में दोस्तों कैसे फिट करना है यह दोनों पक्षों को स्पष्ट होना चाहिए और स्वीकार करना चाहिए, दोस्तों के साथ कितना समय बिताया जाना चाहिए, और उनके साथ कितना घुलना मिलना चाहिए। यह संवाद करना भी महत्वपूर्ण है कि दोस्ती और दोस्त कितने महत्वपूर्ण है। अगर यह एक ऐसा मित्र है जिसे तुम चाहते हो और उसकी जरूरत है, तो तुम और तुम्हारा साथी नियमों के साथ समझौता कर सकते हो और सेम पेज पर आ सकते हो।

सेम पेज पर आना मतलब बात करना है जब तुम्हें लगता है कि तुम्हारे साथी ने अपने किसी दोस्त के साथ सीमा पार कर ली है और बहुत आगे तक चले गए हैं। जब तक तुम दोनों अकेले न हों तब तक कुछ बात न करो। गोपनीयता में, चर्चा करो कि ऐसा क्यों हुआ और यह सुनिश्चित करने के लिए सहमत हों कि यह फिर कभी नहीं होगा।

दोस्तों के साथ नियम सेट करना सेम पेज टूल का एक महत्वपूर्ण हिस्सा है। नियम निर्धारित करना तब महत्वपूर्ण होता है जब तुम्हारे साथी सोचते हैं कि तुम्हारे मित्र बहुत अधिक हैं, या तुम्हारे साथी सोचते हैं कि तुम उनके साथ बहुत अधिक पीते हो, या जब तुम अपने दोस्तों के साथ बाहर जाते हो, तो हमेशा देर से घर आते हो, या तुम हमेशा बहुत सारा पैसा खर्च करते हो, या तुम्हारा व्यक्तित्व बदतर में बदल गया है।

नियम निर्धारित करना आवश्यक है अगर अतीत में तुम्हारे दोस्तों को लगता था कि वे बस किसी भी समय आ सकते हैं या तुम्हारे साथी के लिए उनकी राय मायने रखती है। जब दोस्त एक सीमा पार करते हैं, तो क्या वे वाकई ऐसे दोस्त हैं जिनसे तुम्हें जुड़ने की ज़रूरत है? समझो कि अपने दोस्तों को नियंत्रण में रखना तुम्हारा काम है, तुम्हारे साथी का नहीं। दूसरे शब्दों में, तुम्हें बुरा आदमी बनना है, तुम्हारे साथी को नहीं।

अगर तुम्हारे दोस्त तुम्हारे साथी का अपमान कर रहे हैं या उसका सम्मान नहीं करते हैं, तो इसे रोकने की जरूरत है। समझो कि वास्तव में दोस्तों का तुम्हारे रिश्ते में कोई मतलब नहीं है। यह जगह उनके टिप्पणी करने या निर्णय पारित करने की नहीं है। एक ही उपाय है। तुम्हें अपने साथी के लिए बने रहना होगा और दोस्तों को बताना होगा कि यह फिर से नहीं होना चाहिए या अब उनकी दोस्ती खत्म हो गई। जब वे तुम्हारे साथी का अनादर करते हैं, तो वे तुम्हारा अनादर करते हैं।

जब तुम अपने काम में और जीवन में बहुत व्यस्त होते हो, और तुम्हारे साथी के लिए तुम्हारे पास बहुत कम समय होता है, तो तुम कैसे उम्मीद कर सकते हो कि तुम उनकी अपेक्षा करके अपने दोस्तों के साथ समय बिताओ? जब तुम्हारा बैंडविड्थ कम हो, तो अपने साप्ताहिक बॉलिंग गेम को रद्द करना ठीक होगा। सच्चे दोस्त समझेंगे। दोस्तों को आवंटित समय के रूप में सोचो।। बस निष्पक्ष रहो और याद रखो की साथी पहले है।

बुरी आदतें
कम ऑन
खाने के वक़्त फोन
अपनी
आवाज ऊंची करना
बाधा डालना
सौंदर्य और
स्वच्छता
सीमा मुद्दे
अपने साथी का सामान
इधर उधर करना

आदतों को प्रबंधति करना

आदतें आरामदायक बसि्तर की तरह होती हैं-
जसिमें घुस जाना तो आसान है लेकनि बाहर नकिलना मुश्कलि।

आओ दो प्रकार की बुरी आदतों को परभिाषति करें: एक्शन और एटीट्यूड। हर कसिी की बुरी आदतें होती हैं, और साथी को बहुत कुछ झेलना पड़ता है। यह उन बहुत व्यस्त दनिों में होता है जब बुरी आदतें वास्तव में तुम्हारे साथी को परेशान कर सकती हैं।

एक्शन बैड हैबट्सि वे आदतें हैं जनि्हें हम सभी जानते हैं और कभी न कभी दोषी रहे हैं। तुम इस प्रकार को जानते हो: ज्यादा ग्रूमगि और स्वच्छता, अपना मुंह खोल के खाना या बनिा सोचे समझे व्यवहार करना जैसे कसिकि में बर्तनों को ढेर छोड़ देना या अपने साथी के सामान को बनिा बताए इधर उधर कर देना या लड़कों का टॉयलेट सीट को ऊपर ही छोड़ देना। बातचीत में अपने साथी को बाधति करना या तुम्हारे साथी जो करना चाहते हैं उसे न करने देना भी बुरी आदत हो सकती है। यह कुछ चीजें हैं जसिसे तुम्हारे साथी का सरि फट सकता है।

एक अन्य प्रकार की एक्शन बैड हैबटि फोन पर लंबे समय तक बात करना या इससे भी बदतर है, फोन पर बात करते समय खाना, सोशल मीडयिा से जुड़े रहना, बहुत अधकि टीवी देखना, या वीडयिो गेम खेलना जब तुम्हारे साथी को तुम्हारा ध्यान चाहएि।

एटीट्यूड बैड हैबट्सि में काम में हसि्सा न लेना, सेक्स के कम होने या न होने का बहाना बनाना, या यह सोचना कि तुम हमेशा सही हो, शामलि हैं। यह छोटी-छोटी चीजें हैं जैसे कि अपने साथी की आवाज़ या राय को नज़रअंदाज़ करना या अपने साथी पे ध्यान देने के बजाय नाश्ते या रात के खाने के दौरान चुप रहना। समय के साथ, यह छोटी-छोटी रोज़मर्रा की परेशानयिाँ जुड़ कर एक बहुत बड़ी समस्या बन सकती हैं।

अब, तुम्हें कबसे लगने लगा कि वे बुरी आदतें ठीक हैं? इंसानी स्वभाव को समझें: अगर वह बात तुम्हारे साथी को शुरुआत में परेशान करती थी, तो मैं तुमसे वादा करता हूँ कि वह अब भी उन्हें परेशान करती होंगी; हो सकता है कि अब तुम इसके बारे में बस सुन नहीं रहे हो। अगर बुरी आदतें नयिंत्रण से बाहर हो गई हैं, तो उन्हें स्वीकार करना और यह कहना ठीक रहेगा कि "तुम सही, मैं गलत।"

तुम्हारे और तुम्हारे साथी के लिए सवाल

क्या हमें स्वच्छता की समस्या है? क्या हम कभी सांसों की दुर्गंध, गलत जगहों पर बाल, नियिमति रूप से न नहाना, अप्रयि गंध, या गंदे कपड़े पहनकर एक-दूसरे के जीवन को कम सुखद बनाते हैं?

क्या तुम एक-दूसरे का ख्याल रखते हो? क्या ऐसी चीजें हैं जो तुम करते हो या नहीं करते हो जिन्हिें संबोधति करना आसान होगा? उदाहरण: टॉयलेट सीट को ऊपर छोड़ना, टूथपेस्ट के कैप को खुला छोस देना, कसिी चीज का उपयोग करना और खत्म होने पर उसे न बदलना, एक-दूसरे को बाधति करना, घर के चारों ओर ढेर छोड़ना।

क्या कोई आदत है जसि तुमने मुझे बदलने के लिए कहा है और मैंने उसे नहीं बदला है? उदाहरण: बहुत अधकि शकियत करना, नकारात्मक होना, घर के कामों में या घर के मुद्दों को संभालने में भाग नहीं लेना, काम के बारे में बहुत अधकि बात करना, यह सोचना कि मेरा काम तुम्हारे काम से ज्यादा महत्वपूर्ण है, दोस्तों या परविार के साथ मलिने-जुलने को टाल देना।

क्या तुम में एटीट्यूड बैड हैबट्सि हैं जन्हिें तुम्हें बदलने की जरूरत है? उदाहरण: टालमटोल करना, अक्सर देर कर देना, जब तुम मुझसे आदत बदलने के लिए कहते होतो ध्यान न देना।

क्या तुमने उन बुरी आदतों को बदलने की कोशशि की है जन्हिें तुम जानते हो कि वो तुम दोनों को परेशान कर रही हैं? अगर तुम नहीं बदल पाए हो तो तुम उन्हें बेहतर कैसे कर सकते हो?

क्या कोई बुरी आदत है जो मुझे परेशान करती है और जसि तुम नहीं बादल रहें होक्योंकि तुम्हारे लिए यह कोई समस्या नहीं है?

अगर तुम मुझसे कुछ करना बंद करने के लिए कहो, तो क्या मैं बंद कर सकता/सकती हूँ?

आदत प्रबंधन के लिए टूल: कम ऑन

उन बुरी आदतों की लसि्ट बनाकर शुरू करो जनि्हें तुम बदलना चाहते हो। हकीकत यह है कि अगर तुम ऐसा कुछ कर रहे हो जसिसे तुम्हारे साथी को परेशानी है, तो क्यों न तुम इसे बेहतर तरीके से करने की कोशशि करो? बुरी आदतें बदलने के लिए मेहनत लगती हैं, और यह कठनि भी लग सकता है, लेकनि यह असंभव नहीं है। कम ऑन टूल कहता है, "तुम स्मार्ट हो। इसे समझो। तुम जानते हो कि तुम्हारे साथी को क्या परेशान करता है। अब इसे बदलने के लिए मेहनत करो।"

एक्शन आइटम
समझौता करो
बस जाने दो। 21-दनि के नयिम का उपयोग करो और
उन बुरी आदतों को खत्म करना शुरू करो जो
तुम्हारे साथी को परेशान करती हैं।

आओ तुम्हारी बुरी आदतों को खत्म करने के लिए 21 दनि के नयिम का उपयोग करें। यह वह पुराना नयिम है जो कहता है कि अगर तुम 21 दनिों के लिए एक नया व्यवहार अपनाते हो, तो यह आदत बन जाता है। रमिाइंडर लखि लो। याद दलिाने के लिए एक दर्पण या कैलेंडर नोटसि पर स्टकिर लगाओ ताकि तुम नयिंत्रण में रहो। प्रलोभन को अपने रास्ते से हटाने के लिए व्यावहारकि तरीके अपनाओ। अगर तुम फोन पर बहुत अधकि समय बतिा रहे हो, तो इसे रात के खाने के दौरान एक दराज में रख दो- नजरों से दूर, दमिाग से दूर। 21 दनिों के लिए हर दनि अपनी प्रगति के बारे में सोचो और जो काम नहीं कर रहा है उसका समाधान करो। 21 दनिों की मेहनत के बाद, अगर तुम इस प्रयास के प्रति सच्चे हो तो यह आदत बन जानी चाहिए।

यह जान लो कि जब तुम व्यस्त या थके हुए होगें, तो तुम्हारी बुरी आदतें वापस आ जाएँगी। जब ऐसा हो, तो उन्हें नयिंत्रण में लाओ और रीसेट कर दो। यहाँ लक्ष्य ज्यादा से ज्यादा बुरी आदतों को खत्म करना है। जान लो कि लगातार फोकस के साथ, समय के साथ वे दूर हो जाएँगी।

बुरी आदतों को दूर करने के लिए इनाम प्रणाली सबसे अच्छा प्रोत्साहन है। सबसे आसान इनाम प्रणाली वह है जसि तुम्हारे साथी खरीदते हैं। तुम्हारे साथी तुम्हें कई तरह से पुरस्कृत कर सकते हैं, जैसे तुम्हें दोस्तों के साथ पूरे सप्ताहांत में गोल्फ़ की खुली छूट या वीडयिो गेम के घंटे या दोस्तों के साथ दूर यात्रा। पुरस्कारों पर चर्चा होनऊ चाहिए, सहमति होनी चाहिए और उनका सम्मान कयिा जाना चाहिए।

घर की गतविधियों या पारविारकि आयोजनों में टालमटोल करना, हमेशा देर करने, जैसे रवैये पर आधारति आदतें तुम्हारे साथी के लिए अनुचति हैं। तुम यहाँ सेम पेज टूल का उपयोग कर सकते हो। यह समझने की कोशशि करो कि तुम जो करते हो वह क्यों करते हो। क्या यह बलिकुल स्वार्थी होना है, और तुम्हारे पास परवाह करने का समय नहीं है? यह उचति नहीं है और इससे एक असंतुलति पार्टनरशपि बनेगी। तुम्हारे साथी जो तुम्हारा सम्मान करते हैं खुश कैसे हो सकते हैं जब तुम इस बात की परवाह ही नहीं करते हो कि वो कैसा महसूस करते हैं? तुम पैदा कए हुए आक्रोश, हताशा और तनाव वाले एक मूक साथी बनाओगे।

अंततः, तुम अपनी बुरी आदतों को अच्छी आदतों से बदलना चाहते हो। तुमने उन बुरी आदतों की एक लसि्ट बनाई है जन्हिं तुम बदलना चाहते हो। अब आओ उन अच्छी आदतों की एक लसि्ट बनाओ जो तुम करना चाहते हो। अपने साथी को उन अच्छी आदतों के बारे में बताओ जन्हिं तुम करना चाहते हो, जैसे अधकि बोलना या योजनाओं पर अधकि बार चर्चा करना या उस टॉयलेट सीट को नीचे रखना। जब तुम वह करते हो जो तुम कहते हो कि तुम करोगे, तो तुम्हारे साथी तुम्हें बताते हैं ताकि तुम सचेत रूप से जागरूक हो सको (और तुम्हें दखिता है कि वे ध्यान दे रहे हैं)। समय के साथ, तुम पाओगे कि तुम्हारी अच्छी आदतों में सकारात्मक इरादों से तुम्हारी बुरी आदतों को एक तरफ धकेल दयिा गया है।

शौक और खेल

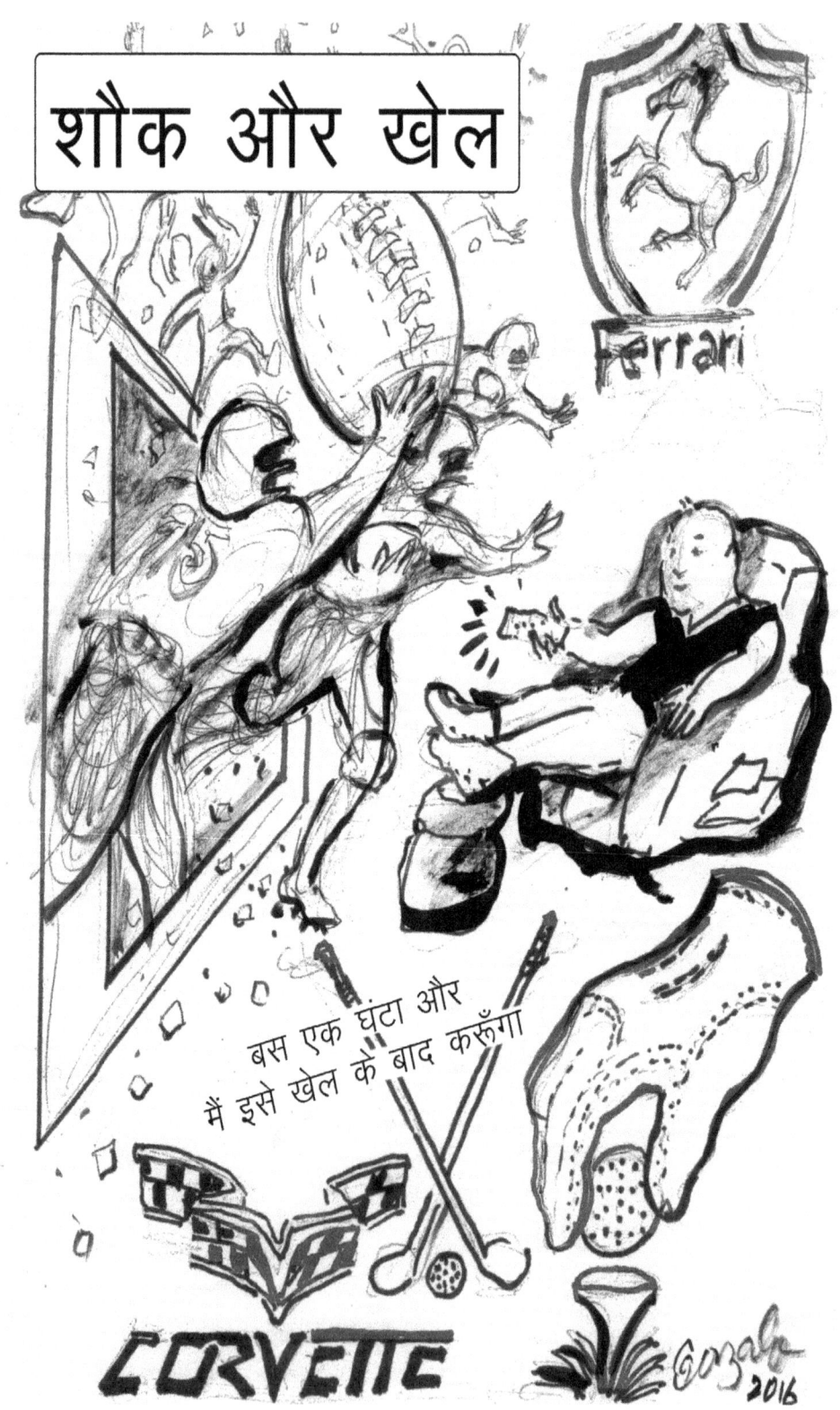

शौक और खेल चेक करना

तुम्हारे लिए फुटबॉल सीजन को लाने के लिए
हम इस पार्टनरशपि को बाधति करते हैं

शौक और खेल एक महान मानसकि छुट्टी और जदिंगी का एक आवश्यक हस्सिा हैं। लेकनि शौक और खेल तुम्हें MIA बना सकते हैं अगर तुम बहुत ज्यादा बहक गए। यह गतविधियाँ नयिंत्रण से बाहर हो सकती हैं, और यह तुम्हारे साथी के लिए अनुचति है। अगर तुम इन गतविधियों पर बहुत अधकि समय बतिा रहे हो और अपने साथी को पर्याप्त समय नहीं दे रहे हो, तो वे महसूस कर सकते हैं कि वे तुम्हारी जदिंगी के दूसरे हस्सिे के साथ प्रतस्पिर्धा कर रहे हैं। वह खेल कौन खेलना चाहेगा? कोई नहीं।
तो, क्या शौक और खेल में तुम संतुलन बनाते हो? अगर तुम्हारे खाली समय का हर पल तुम्हारे खेल या शौक के बारे में सोचने में बीतता है, तो यह असंतुलति है। इससे भी बुरी बात यह है कि जब तुम खलिाड़यों के आँकड़े, वेतन और तारीखों के बारे में सब कुछ याद रख सकते हो, लेकनि अपनी सालगरिह या अपने बच्चों का जन्मदनि या, इससे भी बदतर, अपने साथी का जन्मदनि भूल जाते हो। तब नश्चिति रूप से गड़बड़ होती है और तुम्हारे वचिार से कहीं अधकि होती है।

अगर तुम्हारा मूड अंतमि स्कोर पर आधारति है, तो खेल तुम्हारी पार्टनरशपि को बर्बाद कर सकता है, खासकर अगर तुम अपने साथी की तुलना में खेल के प्रतिअधकि भावुक हो। सच में।

तो, तुम्हारी अगली महत्वपूर्ण काल्पनकि फुटबॉल मूव का पता लगाते समय सारी खरीदारी कौन कर रहा है, परविार की देखभाल कौन कर रहा है, और कपड़े धोने का काम कौन कर रहा है? ओह, तुम्हारा साथी! वास्तव में? इस पार्टनरशपि में संतुलन और समझौता कहाँ है?

शौक और खेल सीमा पार करते हैं। अगर ऐसा होता है, तो उसको स्वीकार करना और यह कहना ठीक रहेगा कि,"तुम सही, मैं गलत।"

तुम्हारे और तुम्हारे साथी के लिए सवाल

क्या तुम अपने संबंधों को शौक या खेल पर ध्यान देने के साथ संतुलति करते हो?

क्या तुम कभी एक दूसरे की उपेक्षा करते हो क्योंकि शौक या खेल बहुत अधकि समय या ऊर्जा ले रहे हैं?

क्या तुम कभी शौक या खेल के कारण घर के कामों से पीछे हटते हो?

क्या तुम अपने शौक और खेल के साथ एक दूसरे को स्वस्थ तरीके से आराम करने देते हो?

क्या तुम कभी एक-दूसरे से झूठ बोलते हो कि तुम शौक और खेल पर कतिना समय बिताते हो?

क्या दूसरों को जतिना पता है तुम उससे ज्यादा खाली समय शौक और खेल के साथ बिताते हो?

क्या तुम कभी शौक या खेल का इस्तेमाल पार्टनरशपि से अलग होने या उससे बचने के लिए करते हो?

क्या तुम कभी एक-दूसरे को खेल या शौक के एवेंट्स को रद्द करने के लिए मजबूर करते हो? क्या यह तुम्हें एक दूसरे पर गुस्सा दलिाता है?

क्या तुम एक-दूसरे के साथ समय बिताने से ज्यादा अपने शौक या खेल के लिए तत्पर हो?

क्या तुम अपनी खेल दलिचस्पी को अपना मूड तय करने देते हो? जब हमारी टीम जीतती है तो क्या तुम खुश होते हो लेकनि हारने पर उदास होते हो?

क्या तुम अपना सप्ताहांत एक-दूसरे के साथ समय बिताने के बजाय खेल देखने में बिताते हो?

क्या कभी तुम खेल इवैंट के लिए पारविारकि दायत्विों को छोड़ देते हो?

शौक और खेल को चेक करने के लिए टूल: वास्तव में (रियिली)

रयिली टूल बस यही है। अगर तुम्हें वास्तव में खेल देखना है, तो तुम्हें वास्तव में पहले अपनी प्रतबिद्ध जम्मिदारयिों को नभिाना चाहए। अगर तुम्हें वास्तव में शनविार की सुबह गोल्फ के दो राउंड खेलने है, तो हनी-डू लसि्ट में से कम से कम एक आइटम पूरा करो, फरि अपने साथी से मुफ्त पास के लिए कहो। थोड़ा जल्दी उठो और काम को पूरा करो, और फरि स्वतंत्रता तुम्हारी होगी। रयिली टूल में मल्टी-टास्कगि, समय प्रबंधन और इनाम होता है; यह देना और लेना है।

अपने साथी के साथ समझौता करने और प्राथमकिता देने में सक्षम होना एक सफल पार्टनरशपि का एक महत्वपूर्ण घटक है। अगर तुम अपने शौक और खेल को अपने जीवन का एक महत्वपूर्ण हसि्सा मानते हो, तो यह सुनश्चिति करना ज़रूरी है कपिहले तुम्हारे साथी की ज़रूरतें पूरी हो। अगर हनी-डू लसि्ट के मुद्दे कसिी गेम की वजह से पछिली सीट ले रहा है, तो रयिली टूल को अपनाओ।

आरंभ करने का एक शानदार तरीका यह है कि तुम अपने साथी से पूछो कि क्या महत्वपूर्ण है। जब तुम उस लसि्ट को अपने साथी के साथ बना रहे हो, तो फरि से पूछो कि और कुछ है क्या। जब तुम दूसरी बार पूछोगे तो उन्हें वो सब छोटी-छोटी बातें याद आ सकती हैं। लक्ष्य अपने साथी के सभी वचिारों को समझना है कि क्या करने की जरूरत है।

यहाँ समय प्रबंधन और आगे की योजना तुम्हारे मति्र हैं। प्रोजेक्ट को पूरा करने के लिए सभी ज़रूरी टूलों और सामग्रयिों के बारे में सोचकर, अपने साथी के सारे हनी-डू कामों को व्यवस्थति करो और योजना बनाओ। जब तुम हार्डवेयर स्टोर पर जाते हो, तो तुम्हें अपनी जरूरत की हर चीज मलि जाती है और समय की बचत भी होती है।
एक्शन आइटम

सवाल पूछो
क्या केवल एक रात कुछ
घंटों के लिए हनी-डू लसि्ट पर
काम करना तुम्हारे लिए ठीक होगा।

सबसे ज़रूरी है कि तुमने जो प्रोजेक्ट शुरू किया है उसको पूरा करो। अगर तुम मल्टी-टास्क करना चाहते हो और एक ही समय में कई प्रोजेक्ट शुरू करना चाहते हो तो ठीक है क्योंकि यह समझ में आता है, लेकिन तुम नया काम शुरू करने से पहले उन सारे प्रोजेक्टस को पूरा करो। जब हो जाए, तो अपने साथी से तुम्हारे काम को रिव्यू करने और उनका इनपुट देने के लिए कहो। यह विश्वास पैदा करता है और तुम्हारे साथी को तुमसे जुड़ा हुआ महसूस होता है। अजीब बात है, पर यह तुम्हारे प्यार को भी मजबूत करता है। जब तुम उस पुराने दरवाज़े के घुंडी को बदलते हो या उस गैरेज की दीवार को पेंट करते हो, तो अपने साथी पर पड़ने वाले प्रभाव को कम मत समझो। मेरे अनुभव में, जब तुम सबसे आसान काम पहले करते हो, तो यह लिस्ट को पूरा करने के लिए ऊर्जा को प्रेरित करता है।

यहाँ रियली टूल का एक और हिस्सा है। हनी-डू लिस्ट पर बिताए गए हर दो घंटे के लिए तुम, एक घंटे का खेल समय मांग सकते हो। रियली टूल टाइम मैनेजमेंट है। इसे भी एक इनाम के रूप में सोचो।

मान लीजिए कि लिस्ट में 40 आइटम हैं। तो मैं यह करूंगा। मैं लिस्ट लिखूंगा और दस आसान चीजों को पूरा करूंगा जिन्हें पूरा करने में 30 मिनट से भी कम समय लगता है। फिर उस सप्ताहांत के लिए, प्रत्येक आइटम के लिए एक समय शेड्यूल निर्धारित करूंगा। मान लो कि तुम सुबह 8 बजे शुरू कर रहे हो, और प्रत्येक आइटम के सामने, तुम इसे पूरा करने के लिए समय निर्धारित करते हो। जब तुम उस निर्धारित समय तक पहुँच जाते हो और अभी भी तुम्हारा काम खत्म नहीं हुआ है, तो हार न मानो। सभी दस चीजों को पूरा करो। अगले दस आइटम पर, अपने शेड्यूलिंग को तब तक सुधारने का प्रयास करो जब तक कि तुम उसमें महारत हासिल नहीं कर लो।

हर बार जब तुम दस चीजों को पूरा करते हो, तो अपने साथी को उसको रिव्यू करने के लिए कहो। उन्हें समस्याएँ दिखेंगी, लेकिन ठीक है। कभी जब तुम पीछे देखोगे, तो तुम्हें एहसास होगा कि वे सही हैं। बहस नहीं करो। बस इसे फिर से करो, क्योंकि जब तक इसे सही नहीं किया जाता है, तब तक इसे पूरा होने के रूप में नहीं गिना जाता है।

तुम्हें पूरे 40 आइटम पूरा करने में शायद एक महीना लग जाए, लेकिन मैं तुमसे वादा करता हूँ कि तुम्हें खेलने का समय देने के तुम्हारे साथी के रवैये में अंतर दिखेगा।

तो, चलो शुरू करो, और मैं तुम्हें डोमेन का मास्टर बनने में तुम्हारी मदद करूँगा अंत में, तुमने प्यार, दोस्ती, विश्वास अर्जित किया होगा - और - सबसे महत्वपूर्ण - तुम्हारे साथी एक वास्तविक पार्टनरशिप महसूस करेंगे।

अपनी बात पर कायम रहो

अगर तुम
कहते हो कि तुम
एक गंटे में
घर पर आ रहे हो
तो तुम
चालीस मिनट में,
घर में रहो।

संतुलन कार्य

तुम्हें केवल काम में ही खुशी की तलाश नहीं करनी चाहिए।
क्योंकि काम भी बिना साथी के अकेलापन है।

क्या तुम वर्कहॉलिक हो, या क्या तुम्हारा कार्य-जीवन संतुलित है? अगर तुम एक वर्कहॉलिक हो जो सप्ताह में 80 घंटे कार्यालय में बिताते हो या तुम अपने बॉस या कष्टप्रद सहकर्मियों के बारे में शिकायत लेकर घर आते हो, तो तुम्हें यह जानना चाहिए कि करियर विकल्प अक्सर तुम्हारी पार्टनरशिप को प्रभावित करते हैं और यहाँ तक कि उन्हें बर्बाद भी कर देते हैं। घर आना और काम के बारे में बात करना स्वाभाविक है, जिसका अर्थ है कि तुम अच्छी बात और बुरी बात दोनों के बारे में बात करते हो। लेकिन बुरी बात के बारे में लगातार शिकायतें करते रहना तुम्हारे साथी को समय के साथ थका सकता है।

क्या तुम्हें लगता कि काम की प्राथमिकताओं को अपने रिश्ते से आगे रखना स्वीकार्य है? अगर तुम अपने आप को उन गतिविधियों से बाहर निकलते हुए पाते हो जो तुम आमतौर पर अपने साथी के साथ करते हो, जैसे कि फिल्म देखने जाना, दोस्तों से मिलने जाना, या बस एक साथ समय का आनंद लेना, तो तुम शायद रिश्ते पर अनुचित दबाव डाल रहे हो।

अगर तुम कार्यालय के समय के बाद भी कार्यालय में रह रहे हो, सप्ताहांत में अधिक बार कार्यालय में जा रहे हो, या अपने साथ अधिक से अधिक काम घर ला रहे हो, तो संभावना है कि तुम्हारे रिश्ते में तनाव होगा। अगर तुम्हें काम और व्यक्तिगत जीवन को विभाजित करने में परेशानी हो रही है, तो तुम लोगों और प्रोजेक्ट्स के बारे में बिना सोचे-समझे चर्चा करते जाओगे। अगर तुम्हारे पास काम के अलावा अपने साथी के साथ बात के लिए सचमुच कुछ नहीं है, तो समस्या है।

अगर तुम्हारा साथी तुम्हारे काम से नाराज है और चाहता है कि तुम इसे छोड़ दो, तो यह अन्य क्षेत्रों में प्रकट हो सकता है, और तुम्हारा साथी कम धैर्यवान या अधिक चिड़चिड़ा हो सकता है। अगर तुम अपने साथ काम का तनाव घर लाते हो, तो हो सकता है कि तुम इसे अपने साथी पर असंबंधित क्षेत्रों में निकाल रहे हो। अचानक अपने साथी के साथ उन चीजों के बारे में लड़ना जिनके बारे में तुमने पहले कभी बहस नहीं की, शायद यह कोई संयोग नहीं है।

काम सीमा को पार कर जाएगा। अगर तुम ऐसा होने देते हो, तो इसको स्वीकार लेना और कहना सही होगा, "तुम सही, मैं गलत।"

तुम्हारे और तुम्हारे साथी के लिए सवाल

क्या हम अपने काम पर जितना समय और ध्यान देते हैं, उससे सहमत हैं?

क्या हम कभी अपने घर के बाहर के काम की वजह से घर के कामों या जिम्मेदारियों की उपेक्षा करते हैं?

क्या काम हमारे रिश्ते को नियंत्रण करता है या बहुत अधिक दबाव डालता है?

क्या जब काम और परिवार को समय देने की बात आती है तो हमारा जीवन संतुलित है?

जब हमें काम घर लाना होता है तो क्या हम उचित सीमाएँ निर्धारित करते हैं?

जब हम एक साथ घर पर होते हो तो क्या हम अपने काम के बारे में बहुत ज्यादा बात करते हैं?

क्या कभी वीकेंड पर या बहुत देर शाम को काम करने के लिए, हम एक-दूसरे से नाराज़ होते हैं?

क्या हम काम पर नहीं होते हुए भी काम के तनाव में होते हैं? क्या वह तनाव हमारी पार्टनरशिप से समय और ऊर्जा की चोरी कर रहा है?

क्या हम अपने काम के बारे में सोचते रहते हैं जब हमें एक-दूसरे का आनंद लेना चाहिए या जब हम परिवार या दोस्तों के साथ बाहर होते हैं?

क्या कभी हम काम की वजह से व्यक्तिगत प्राथमिकताओं को रद्द करते हैं?

क्या हम कभी घर आने के बजाय काम में छिप जाते हैं?

क्या हम काम में व्यस्त रहते हैं और इसलिए परिवार या एक-दूसरे के लिए बहुत कम समय होता है?

काम के संतुलन के लिए टूल: अपनी बात पर कायम रहो (कीप यूअर वर्ड)

काम संतुलित जीवन के रास्ते में आ जाता है, क्योंकि कई मामलों में नौकरी या करियर से महसूस होता है कि तुम्हारी जरूरत है। यह अहंकार को खिलाने वाले उद्देश्य और उपलब्धि की भावना देता है। ड्रेगन को मारने के लिए जो ड्राइव और कौशल लगता है वह काफी तेज हो सकता है। आवेग में पकड़ा जाना आसान है। और तब तुम कहते हो कि तुम एक घंटे में घर पहुंचोगे और वास्तव में तीन घंटे बाद दरवाजे के बाहर होते हो।

कीप यूअर वर्ड टूल तुम्हें पार्टनरशिप में संतुलन बनाए रखने में मदद कर सकता है। यह तुम्हारी ईमानदारी, प्रतिबद्ध और भरोसेमंद होने को दर्शाता है, दैनिक आधार पर यह दर्शाता है कि तुम कोई ऐसे इंसान हो जिस पर तुम्हारे साथी भरोसा कर सकते हैं। यह तुम्हारे साथी के साथ यथार्थवादी अपेक्षाएँ स्थापित करने और फिर उसको निभाने की बात है।

एक्शन आइटम
सही चुनाव करो
इस पूरे सप्ताह, उस पर काम करो जब तुम कहते हो कि
तुम कोई गतिविधि करोगे या
एक निश्चित समय पर घर आओगे। तो बस कर दें।

उस चीज़ से शुरू करो जो इतनी सरल लगती है लेकिन है उतनी ही कठिन: तुम कब तक घर वापिस आओगे, उस बात पर अपना वादा निभाओ।। यह बहुत आसान है। हर रात को सुपर बाउल नाइट के रूप में सोचो, और तुम्हें शाम 6 बजे तक घर पहुंचना है, ताकि तुम कुछ भी मिस न करो। मैं वादा करता हूँ कि तुग प्रत्याशा में 5:30 बजे घर पहुंच जाओगे।

अगर तुम उस तरह के इंसान हो जो समय का ट्रैक खो देता है, तो अपने कार्य कैलेंडर, स्मार्टफोन या घड़ी पर अलार्म सेट करो। अगर तुम अभी भी संघर्ष कर रहें हो, तो अपने साथी से तुम्हें ट्रैक पर रखने के लिए कॉल करने के लिए कहें। यहाँ सबसे महत्वपूर्ण बात यह है कि तुम अपनी बात रखो।

घर आने पर अपना फोन बंद कर दो। अगर तुम्हारे काम पर ऐसे लोग हैं जिनकी कोई सीमा नहीं है, तो उनसे कहो कि कुछ नियत घंटों के बाद कॉल न करो जब तक कि यह कोई तुमात स्थिति न हो। अगर तुम्हें काम पूरा करना है और तुम्हारे साथी तुम्हारे साथ समय बिताना चाहते हैं, तो अगली सुबह जल्दी उठकर काम खत्म कर लो।

अपने कार्यभार को संतुलति करना तुम्हारे ऊपर है। कुछ व्यवसाय चक्रीय होते हैं। एक नौकरी में संकट का समय आ सकता है जो तुम्हारी पार्टनरशपि को एक अवधि के लिए प्रभावति कर सकता है। अगर यह तुम्हारे लिए खास समय है, तो सबसे अच्छी बात यह है कि अपने साथी के साथ इसके बारे में खुलकर बात करो। जब संकट खत्म हो जाए, तो चीजें वापस सामान्य कर लो। सुनिश्चिति करो कि तुम आपसी दीर्घकालकि और अल्पकालकि लक्ष्यों पर सेम पेज पर हो। अगर तुम्हारी योजनाएँ बदलती हैं, तो उन्हें शेयर करो। लेकिनि हर मोड़ पर, स्थिति जो भी हो, अपनी बात रखो।

कीप यूअर वर्ड का मतलब है कि तुम अपने साथी के साथ खोए हुए समय को कसिी और तरीके से पूरा करो, संभवतः जल्दी काम पर जाकर या एक और रात देर तक रुक कर, अगर तुम्हारे काम पर भी कुछ समय प्रबंधन मुद्दे नहीं हैं जन्हिं संबोधति करना ज़रूरी है।

कीप यूअर वर्ड टूल को अपनाने की आदत डालने से तुम अपनी मानसकिता को काम से दूर एक ज़्यादा सकारात्मक संबंध बनाने की दशिा में स्थानांतरति करने के लिए मजबूर हो जाओगे। याद रखो तुम्हारे, साथी को भी तुम्हारी जरूरत है। यह तुम्हें ऐसे तरीके भी दखिा सकता है जसिसे तुम काम को ऐसे तरीके से कर सकते हो जो कम तनावपूर्ण और अधकि उत्पादक होगा। बस कह रहा हूँ।

समानता

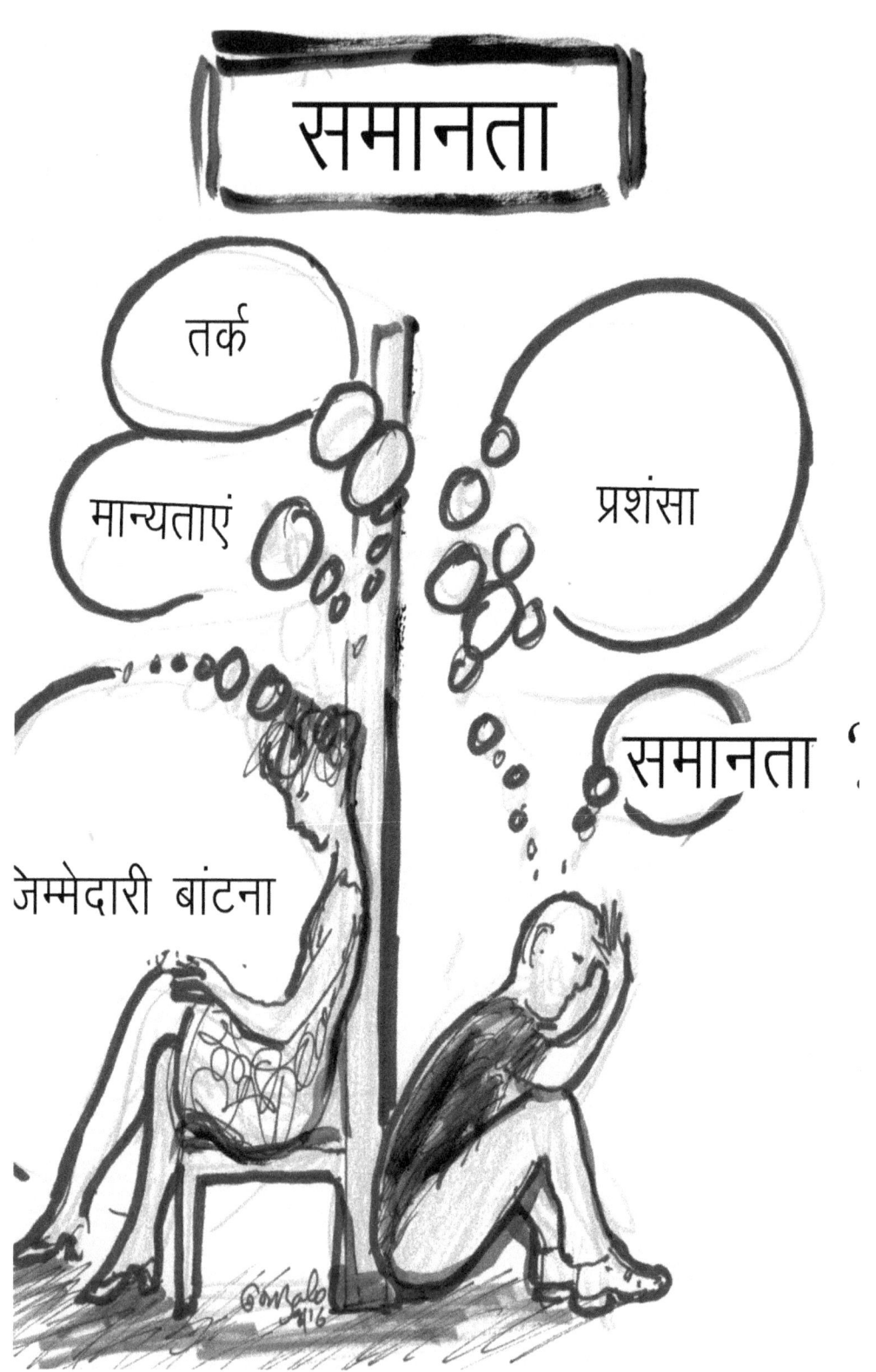

अध्याय 8: संबंध की समानता के लिए दैनकि टूल

तर्क

आई एम सॉरी टूल

कभी कभी
तुम्हारे साथी
को बस यह
सुनने की
जरूरत होती है
आई एम सॉरी

मूल बात सही या गलत होना नहीं है
बस माफी मांगना है

144

बहस कम करना

क्या तुम सही होना चाहोगे या तुम खुश रहना चाहोगे?

क्यों न इस सप्ताह हर महत्वपूर्ण चीज़ के लिए तुम अपने साथी की राय पूछो और जब भी संभव हो उनकी राय सुनो और उपयोग करो? क्यों न इस सप्ताह हर रात तुम बात न करके अपने साथी को बनिा कसिी रुकावट या नरि्णय के बात करने दो? क्यों न तुम एक हाँ दविस मनाओ, और अपने साथी की हर इच्छा के लिए "हाँ" कहो? अगर तुम्हारे साथी परेशान होने पर या बहस करते समय तुम्हारी भावनाओं को अमान्य करने की प्रवृत्त‌ि रखते हैं, तो यह दुखदायी है। इतना ही नहीं, यह आगे चल के स्वस्थ, रचनात्मक संबंध भी नहीं बन पाएगा।

रश्ितों में लड़ाई-झगड़े और कभी-कभी उत्तेजति बहस आम बात है। जब यह झगड़े पूरी तरह से बहस में बदल जाते हैं, तो वे जल्दी से हाथ से नकिल सकते हैं। कसिी चीज़ को खसिकने देने और सर्वथा द्वेषपूर्ण होने के बीच एक बड़ा अंतर है। अगर तुम स्वयं को एक-दूसरे पर दोषारोपण करते हुए पाते हो या बहस-वबिहस में एक-दूसरे को नीचा दखिाते हो तो यह अस्वस्थ है।

क्या तुम अपने साथी से उनके हस्िसे का काम न करने पर झगड़ते हो? काम और दैनकि गतविधियिों को संबोधति करने और प्रतबिद्ध करने की जरूरत होती है। इन मुद्दों को अपने साथी पर नकिालने का कोई बहाना नहीं होना चाहिए।

क्या तुम आर्थकि मुद्दों पर लगातार बहस करते रहते हो? हो सकता है क‌ि एक साथी खर्चीला हो, और दूसरा अधकि मतिव्ययी हो। अगर तुम्हारे फंड कम हैं तो यह और भी बुरा होता है। पैसे से जुड़े मुद्दों को अक्सर अलगाव के मुख्य कारण के रूप में उद्धृत कयिा गया है। पैसे पर बहस करने का मतलब है क‌ि तुम अपने साथी के साथ सहमत नहीं हो।

मत्िर और पारवारिकि मुद्दे तुम्हारे सोच से कहीं अधकि बहस-वबिहस पैदा करते हैं। यह क्षेत्र बहुत सारे भावनात्मक तत्वों को पार करता है, और यह लोगों को अलग तरह से प्रभावति करता है। इसलए जब कोई साथी दोस्तों या परविार को पसंद नहीं करते है या सोचते हैं क‌ि वे तुम्हारी जदिंगी में बहुत ज़्यादा दाखल दे रहे हैं, तो यह एक समस्या है।

ईर्ष्या के मुद्दों को दूर करने में लंबा समय लग सकता है। इन मुद्दों पर लड़ने से बड़ी समस्याएँ हो सकती हैं और सीमाएँ पार हो सकती हैं। अगर ऐसा होता है, तो इसको स्वीकार करना ठीक रहेगा और यह कहो, "तुम सही, मैं गलत।"

तुम्हारे और तुम्हारे साथी के लिए सवाल

क्या हम बहुत ज्यादा बहस करते हैं?

क्या आमतौर पर हम में से एक बहस पर हावी होता है?

क्या आमतौर पर हम में से कसिी एक के नर्िणय लेने के बाद बहुत बहस करते हैं?

क्या बहस करने से पहले या बाद में हम जतिना उम्मीद हैं उससे कम जुड़ाव महसूस करते हैं?

क्या हम मूर्खतापूर्ण मुद्दों पर बहस करते हैं?

क्या हम बहस करते हैं क्योंक हिम में से एक उतना घर पर नहीं रहेता है जतिना दूसरा चाहता है?

क्या हम बहस करते हैं क्योंक हिम में से एक दूसरे की तुलना में कम मदद करता है?

क्या हम बहुत अधकि पैसा खर्च करने या उन चीजों पर खर्च करने पर बहस करते हैं जनि पर हम सहमत नहीं हैं?

क्या हम रश्िते में बहुत कम रोमांस होने पर बहस करते हैं?

क्या हम अपनी जरूरतों को पूरा करने पर बहस करते हैं?

क्या हम एक दूसरे की बुरी आदतों के बारे में बहस करते हैं?

क्या हम परविार या दोस्तों के साथ मुद्दों पर बहस करते हैं?

क्या तुम अपनी नौकरी पर कतिना समय बतिाते हो मुद्दे पर बहस करते हो?

बहस कम करने के लिए टूल: मुझे माफ करना (आई एम सॉरी)

"आई एम सॉरी" कहना बहस के साथ होने वाले वियोग और चोट को ठीक करने का एक लंबा रास्ता तय करता है।यह याद रखना इसका अर्थ है कि तुम गलत होने के लिए माफी नहीं मांग रहे हो। तुम सहमत नहीं होने के लिए माफी मांग रहे हो।

क्या तुम अपने साथी के पास घर आने से ज्यादा महत्वपूर्ण कुछ जानते हो? पता है - अगर तुम बहुत ज्यादा बहस करते हो, तो हो सकता है कि जितना तुम्हें लगता है तुम्हारे साथी तुम्हें उतना पास नहीं चाहेंगे। तो अपने आप से यह सवाल पूछो: क्या मैं बहुत अधिक बहस करता हूँ?

क्या तुम्हें लगता है कि तुम्हारे पास सभी उत्तर हैं और तुम मानते हो कि तुम हमेशा सही होते हो? अगर ऐसा है तो समझ लो कि इसका मतलब तुम्हें यह भी लगता है कि तुम्हारे साथी हमेशा गलत होते हैं। यह सब तुम्हारे साथी को अलग होने के कई करने के कारण देता है। पीछे जाकर सोचने की कोशिश करो जहाँ तुम्हें लगा कि तुम सही थे, तुम्हें यह पता चलेगा कि तुम्हारे साथी की पसंद बेहतर थी। मैंने अपनी बात पर जोर देने से पहले रुकने और सांस लेने का कौशल बनाया है। कई मामलों में, मेरे साथी का निर्णय सही था।

एक्शन आइटम
सवाल पूछो
क्या तुम्हें वास्तव में सही
होने की जरूरत है? वास्तव में?

यह समझने का कौशल है कि किसी कठिन कार्य को करने के एक से अधिक तरीके हो सकते हैं। जब संदेह होता है, तो मैं खुद को यह पूछना याद दिलाता हूँ, क्या तुम सही होना पसंद करोगे या खुश होना? जब तुम बहुत ज़्यादा दबाव डाल देते हो तो "आई एम सॉरी" कहना याद रखो। यह एक आसान टूल है और अद्भुत काम कर सकता है।

गुस्से का जवाब गुस्से से देने से तनाव बढ़ता है और किसी भी समस्या का समाधान मुश्किल हो जाता है। यह सिर्फ स्थिति को और खराब करता है। इसलिए, बहस करके किसी भी बात को बढ़ा-चढ़ाकर पेश नहीं करो। अगर अगली बार जब बहस बढ़ जाए, तो अपने साथी को बताओ कि तुम्हें शांत होने के लिए समय चाहिए और बहससंगत बातचीत करो। बस यह सीखने की जरूरत है कि कैसे नियंत्रण में रहना है।

अपने साथी के साथ पब्लकि में बहस करना और भी बुरा होता है। यह कसिी भी इंसान के लिए अपमानजनक हो सकता है और बल्कुिल गलत है। कभी भी पब्लकि में अपने साथी पर अपनी आवाज तेज़ नहीं करो। कुछ भी नकारात्मक चीज़ को अकेले में सुलजाने के लिए सहमत हों। इसे अपने साथी को बताओ, और उस बात पर अटल रहो। तुम कसिी समस्या का संकेत देने के लिए आंखों के संपर्क या शरीर की भाषा का उपयोग करने के लिए सहमत हो सकते हो। यह चीजों को नयिंत्रण में रखता है और बाद में नजिी तौर पर चर्चा कर सकते हो।

समझो कि जब बहस होता है, तो तुम्हें अपनी लड़ाई चुननी होगी। सफल पार्टनरशपि, मुद्दों को इस दृष्टकोिण से देखती है कि महत्वपूर्ण वषियों पर लेन-देन होना चाहिए।

लड़ाई के बीच में, उसी बहस पर वापस आना आसान हो जाता है। "हमेशा तुम" या "कभी नहीं" जैसी बातें कहना केवल एक बहस को बढ़ावा देता है। एक कदम पीछे हटो और अपने साथी के दृष्टकोिण से बहस पर वचिार करो। अगर तुम्हारे साथी कसिी मुद्दे मुद्दे को लेकर दृढ़ता से महसूस करते हैं और तुम वास्तव में कसिी भी तरफ जा सकते हो लेकनि अभमिान रास्ते में आ रहा है, तो बस जाने दो और हार मान लो। तुम्हें बेहतर नींद आएगी।

अभमिान होना महान हो सकता है, लेकनि अभमिान रश्तिों को भी नष्ट कर देता है। यह तुम्हारे और तुम्हारे साथी के बीच एक कील बनाता है जो प्रेम संबंध को नष्ट करता है, वश्विास को मटिाता है, और तुम्हारे साथी के साथ शांति को बंग करता है। मैं इस बात से अचंभति हूँ कि हमारा दमिाग कैसे अवश्विसनीय चीजों को वास्तवकि बना सकता है, जब तक वे वास्तवकि नहीं हो जाती हैं। उदाहरण के लिए, जब मैं अपने दोस्तों को बताता हूँ कि जब मैं घर आता हूँ तो मैं हमेशा अपने कोजोन को कोठरी में रखने की कोशशि करता हूँ, वे कहते हैं, "बल्कुिल नहीं - ऐसा नहीं हो सकता है।" इसका मतलब यह है कि मैं अपने अहंकार को रास्ते पर छोड़कर आता हूँ, ताकि वो मेरे साथी से जुड़ने के रास्ते में न आए। जब साथी कि बात आती है तो मैं वनिम्र, सम्मानजनक, प्यार करने वाला, देखभाल करने वाला बनकर घर आता हूँ, न कि अपने साथी को गाली-गलौज करने और बहस करने की इच्छा से। ओह, और चूंकि यह एक रूपक है, इसलिए कोजोन कसिी भी लगि पर लागू हो सकते हैं।

तुम यह कहावत जानते हो, वेगास में जो होता है वह वेगास में ही रहता है? लड़ाई के दौरान तुम्हारे साथी जो भी कहें, वहीं रहना चाहिए। अगर लड़ाई के दौरान उनके द्वारा कहे गए शब्द अगले दनि भी तुम्हें परेशान कर रहे हैं, तो इतनी जल्दी उनसे दोबारा संपर्क करने के बजाय तुम अपने आप को सांस लेने की जगह दो। एक बहस को कई बार लाने से बातों का बस चकक्र बन सकता है, समाधान नहीं मलि सकता। "आई एम सॉरी" टूल के साथ बातचीत की शुरूवात करो।

मान्यताएं

एक दूसरे की स्पेस का सम्मान करो

मान्यताएं

यौन

परिवार बढ़ाना

मान्यताओं का सेतु-बांधना

दुनयिा में सबसे अच्छा एहसास वो होता है जब कोई तुम्हें तुम जैसे हो वैसे ही चाहे।

जब मान्यताओं को सेतु-बांधना होता है तो रश्ति आसान नहीं होते हैं, लेकनि प्यार दीवाना होता है। तब भी, सबसे प्रतबिद्ध साथयिों के बीच भी, एक अलग श्रद्धा, राजनीतकि वचिार या नैतकि दृष्टकोिण तुम्हारे रश्ति को चुनौती दे सकता है।

जब हम मान्यताओं के बारे में बात करते हैं, तो सतही तौर पर यह एक छोटा वषिय लगता है। लेकनि यह सबसे महत्वपूर्ण है क्योंकि इसमें मुद्दों की एक वस्तित श्रृंखला शामलि है। क्या तुमने अपने साथी के मान्यताओं पर चर्चा करते हुए सीमा को पार करके अपने साथी को ठेस पहुँचाई है? जब ऐसा होगा, तो वे तुम्हें बताएँगे कि तुमने सीमा पार कर ली है। यहाँ से तुम जो करोगे वह महत्वपूर्ण होगा।

यह राजनीतकि दुनयिा नयिंत्रण से बाहर हो सकती है। सोशल मीडयिा पर ट्वीट या कमेंट करना एक बात है, लेकनि एक बार जब तुम अपने ही घर में दहलीज पार कर जाते हो, तो वास्तवकिता यह है कि यह एक समस्या है।

एक ऐसे साथी के साथ रहना, जसिके धार्मकि वचिार तुमसे अलग हैं, अगर तुम इसे होने दोगे तो यह तनावपूर्ण और भारी हो सकता है। एक मजबूत संघ बनाने के लिए, तुम्हें एक दूसरे के जीवन में सक्रयि रूप से भाग लेने की जरूरत है, खासकर जब परंपराएँ शामलि हों। अगर तुम उन मूलभूत प्रथाओं से बाहर नकिलते हो, तो यह न केवल तुम्हारे साथी को अलग कर देगा; यह तुम्हारे और तुम्हारे साथी के बीच एक वभिाजन पैदा कर सकता है।

अपने साथी की मान्यताओं का सम्मान करना बेहद जरूरी है। केवल वही रश्ति टकिते हैं जो बढ़ते और वकिसति होते रहते हैं और प्रत्येक इंसान के व्यक्तगित लक्ष्यों और मान्यताओं के प्रतिसम्मान अर्जति करते हैं। एक दूसरे की प्रशंसा करने और अपने मतभेदों में मजा खोजने के लिए समय नकिालो। यह मतभेदों को खोज में बदल सकता है और मान्यताओं को शेयर करना मज़ेदार बना सकता है।

वश्विास सीमा पार करेंगे। अगर तुम ऐसा होने देते हो, तो इसको स्वीकार करो और कहो,"तुम सही, मैं गलत।"

तुम्हारे और तुम्हारे साथी के लिए सवाल

क्या हम एक दूसरे के मान्यताओं का सम्मान करते हैं? क्या हम एक दूसरे का समान रूप से सम्मान करते हैं?

क्या हम सोचते हैं (शायद गुप्त रूप से) कि हम में से एक दूसरे की तुलना में अधकि सही है?

क्या जब वश्विास वषिय का केंद्र होता है तो हम एक-दूसरे से अलग राय रखने के अधकिार का सम्मान करते हैं?

क्या हम कभी अपनी अलग-अलग मान्यताओं को एक-दूसरे पर थोपते हैं?

जब हमारे वश्विास भन्नि होते हैं तो क्या हम एक समान आधार खोजने का प्रयास करते हैं?

जब हमारी अलग-अलग मान्यताएँ एक मुद्दा बन जाती हैं तो क्या हम बातें करते हैं?

क्या हम एक दूसरे की धार्मकि या आध्यात्मकि मान्यताओं का सम्मान करते हैं?

क्या हम एक दूसरे की राजनीतकि मान्यताओं का सम्मान करते हैं?

क्या हम परविार के वत्ति के प्रबंधन के लिए एक दूसरे के दृष्टकिोण का सम्मान करते हैं?

क्या हम एक दूसरे के वचिारों और सपनों का समर्थन करते हैं जो हमारे मान्यताओं से आते हैं?

क्या हम एक दूसरे की मान्यताओं को मत्रिों और परविार के साथ शेयर करने देते हैं?

मान्यताओं का सेतु-बांधने का टूल: आपसी सम्मान

अगर तुम्हारे साथी का वश्विास तुमसे बल्कुिल अलग है तो कोई बात नहीं। जब धर्म, राजनीत, बच्चों, और दुनयिा को कैसे कार्य करना चाहए की बात आती है, तब तुम एक दूसरे से सहमत होते हो तो तुम्हारी पार्टनरशपि आसान हो जाती है। जब ऐसा नहीं होता है, तो यह कसिी भी रश्ति में दबाव और तनाव डाल सकता है, और आपसी सम्मान टूल का उपयोग करने की जरूरत होती है। अपने साथी के लए नफरत या जहर के बना उनको एक अलग दृष्टकोिण रखने दें। यहाँ बात चीत बेहद जरूरी है, और एक बुद्धमिान कहावत है: असहमत होने के लए सहमत हों

दुनयिा तेजी से बदल रही है, ऑफ़लाइन और ऑनलाइन में बहुत सारी बातचीत राजनीत या स्वास्थ्य पर केंद्रति होती हैं। मतभेद, वशिेष रूप से सोशल मीडयिा के सार्वजनकि मंच पर, आमतौर पर नहीं मनाया जाता है। एक समय ऐसा भी आ सकता है जब तुम्हारे साथी के वश्विास पर दूसरों का हमला हो। अगर ऐसा हो, तो तुम्हें उनकी रक्षा और सुरक्षा के लए उठ खड़ा होना चाहए।

एक्शन आइटम
समझौता
आंकना बंद करो। अपने साथी की राय
का सम्मान करो।

जब तुम अपने दृष्टकोिण या राय के बारे में बात करते हो, तो सर्फि इसलए बात को साबति करने की कोशशि मत करो क्योंक तुम्हें इसकी जरूरत है या तुम चाहते हो। यह गलत है। तुम्हारे साथी को अपनी राय का अधकिार है। ज्यादातर दुनयिा यह भूल गई है क हिर कसिी को अपनी राय रखने का अधकिार है। अगर तुम अपने साथी से अलग-अलग मान्यताओं के बारे में बात करना चाहते हो, तो तुम्हें बातचीत को अपने साथी के लए वास्तवकि जज्ञिासा और सम्मान की जगह से फ्रेम करना होगा।

अपने साथी को अपने वचिारों और भावनाओं को खुलकर और ईमानदारी से व्यक्त करने दो। मान्यताओं में अंतर के कारण अपने साथी के खलिाफ़ कोई राय ना बनाओ, उनका उपहास ना उड़ाओ या और उन्हें अस्वीकार न करो और - सबसे महत्वपूर्ण बात- अपने साथी से इस मानसकिता के साथ संपर्क मत करो क तुम उनके वचिारों को बदल दोगे। अगर तुम "तुम संभवतः कैसे सोच सकते हो ..." के साथ बातचीत का नेतृत्व करते हो, तो तुम असफल हो जाओगे

पार्टनरशपि का सामना करने वाली सबसे बड़ी समस्या बातचीत की कमी है। तुम्हें बनिा लड़े एक सक्रयि श्रोता बनना होगा। लक्ष्य है, समझ में सुधार करना। सक्रयि रूप से सुनना प्रयास और ध्यान केंद्रति करता है, और जब तुम अपने साथी का ध्यान भंग कएि बनिा और आलोचना कएि बनिा ध्यान देते हो और अपने रक्तचाप को बढ़ाए बनिा प्रतक्रियिा देते हो, तब तुम मानो कि तुम इसमें अच्छे हो। राय के मतभेद के बारे में बात करने की क्षमता बेहद जरूरी है। अपने साथी के दृष्टकिोण का सम्मान करो - और बदले में अपने दृष्टकिोण के लएि सम्मान प्राप्त करो - यही है जो दुनयिा को गोल कर देता है।

सक्रयि रूप से बातचीत करने वाले साथी महत्वपूर्ण असहमति के तूफान का सामना कर सकते हैं। जब तुम अपने साथी से असहमत हो, तो आपसी सम्मान टूल अपनाओ। अगर तुम नहीं करते हो और तुम लगातार अपने दृष्टकिोण को थोपते हो, और तुम अकेले ही अपनी पार्टनरशपि को नष्ट कर दोगे।

प्रशंसा
काम, तनाव कोई फ्री पास नहीं है। तुमको अभी भी घर में अपने साथी की मदद करनी चाहिए
आई एम एन इडियट
यह छोटी चीजें हैं जो मायने रखती हैं
VENICE
कुछ वादा करके, करना भूल गए

प्रशंसा करना

अगर तुम उनकी प्रशंसा नहीं करते हो जनिके वो हकदार हैं,
तो वे उन चीजों को करना बंद कर देंगे जनिकी तुम सराहना करते हो।

हम सभी को प्रशंसा पसंद होती है, खासकर उनसे जनि्हें हम प्यार करते हैं। प्रशंसा एक साथी की संतुष्टि का सबसे महत्वपूरण पहलू है। साथी जो हर दनि एक-दूसरे की सभी छोटी और बड़ी चीजों के लिए प्रशंसा करते हैं, वे अंततः अपनी पार्टनरशपि के भीतर कृतज्ञता की संस्कृति विकसति करते हैं। एक रशि्ते में मौसम आना आम बात है जब साथी काम, स्वास्थ्य या तनाव से अतभिारति(overloaded) महसूस करने के कारण प्रशंसा करने में वफिल हो जाते हैं। जीवन व्यस्त हो जाता है, और हम अपने कामों में व्यस्त हो जाते हैं, और आदतें आदर्श बन जाती हैं।

रशि्तों में प्रशंसा की कमी नाराजगी पैदा करती है और पार्टनरशपि के लिए अनुचति है। यह मूल रूप से एकतरफा रास्ता है। हर बार जब कोई साथी हनी-डू लसि्ट या और कुछ चीजों की ज़म्मिेदारी लेता है तो बड़े प्रोडक्शन की जरूरत नहीं होती है। लेकनि, नशि्चति रूप से अच्छा लगता है जब कोई धन्यवाद देता है। जब एक साथी की भावनाएँ चली जाती हैं जब अपने साथी की देखभाल करने की इच्छा से उनके साथी की देखभाल करवाने की उम्मीद आ जाती है, तो प्रशंसा की कुल कमी नाराज़गी पैदा करती है।

प्रशंसा की कमी तुम्हारे रशि्ते पर भारी पड़ रही है के संकेत: अगर तुम्हारे साथी कभी भी "धन्यवाद" नहीं कहते है, कभी भी तुम्हारी सलाह नहीं लेते हैं या तुम्हारी राय नहीं पूछते हैं, तुमसे पूछे बनिा प्लान्स बनाते हैं, काम का अपना उचति हसि्सा पूरा नहीं करते हैं, वशिेष अवसरों के लिए कुछ नहीं करते हैं, रोमांटकि होने का प्रयास नहीं करते हैं, वशि्वासघाती है, तुमसे तुम्हारे दनि के बारे में नहीं पूछते हैं, तुम्हारी भावनाओं पर वचिार नहीं करते है, जब चाहते हैं आते हैं और चला जाते हैं, या बनिा पूछे दोस्तों को रात के खाने के लिए लाते हैं या कसिी पारवािरकि कार्यक्रम के लिए बनिा पूछे कमटि कर देते हैं।

प्रशंसा के संकेत नहीं दखिना मतलब साथी एक-दूसरे को हल्के में ले रहे हैं। अगर तुम वो हो जो भूल गए हो कि तुम्हारे प्यार को हर दनि दखिाने का एक तरीका है प्रशंसा करना, तो इसको स्वीकार करना ठीक रहेगा और कहो, "तुम सही, मैं गलत।"

तुम्हारे और तुम्हारे साथी के लिए सवाल

क्या हम छोटी-छोटी बातों के साथ-साथ बड़ी बातों के लिए भी एक-दूसरे का धन्यवाद करते हैं?

क्या हम जानते हैं कि एक-दूसरे को कसि बात पर सबसे ज्यादा गर्व है और चाहते हैं कि सबसे ज्यादा सराहना की जाए?

क्या हम एक दूसरे से पूछते हैं कि दनि कैसे गया?

जब हम एक दूसरे की मदद करते हैं तो क्या हम प्रशंसा की अपेक्षा करते हैं? क्या हमें वो मलिता है?

क्या हम एक दूसरे से परामर्श कए बनिा नर्िणय लेते हैं?

जब हम एक दूसरे से बात कर रहे होते हैं तो क्या हम ज़ोन आउट हो जाते हैं? क्या हम वाकई एक दूसरे की बात सुन रहे हैं?

क्या हम एक-दूसरे को "हाँ" कहने की तुलना में अधकि बार "नहीं" कहते हैं?

क्या हम नयिमति रूप से एक दूसरे की तारीफ करते हैं?

क्या हम एक दूसरे की सलाह मांगते हैं?

क्या हम योजना बनाते समय एक दूसरे को पूछते हैं?

क्या हम अक्सर दूसरे साथी को घर पर छोड़कर अकेले या दोस्तों के साथ बाहर जाते हैं?

क्या हम में से प्रत्येक अपने कामों का उचति हसि्सा करता है?

क्या हम सभी पारविारकि आयोजनों में आते हैं?

क्या हम दोनों रोमांटकि होने की कोशशि करते हैं?

क्या हम अपनी मर्जी से आते हैं और चले जाते हैं? क्या हम एक दूसरे को अपने शेड्यूल से अवगत रखते हैं?

प्रशंसा करने का टूल: मैं बेवकूफ हूँ (आई एम ए इडयिट)

क्या तुम अपने साथी की उन सभी चीजों के लिए सराहना करते हो जो वे तुम्हारे लिए करते हैं, या क्या तुम अपने साथी को हल्के में लेते हो? पक्का नहीं है? उन सभी चीजों की एक लसि्ट लखिो जो वे तुम्हारे लिए दैनकि आधार पर करते हैं, जैसे काम, रात का खाना, सुबह कॉफी बनाना, खरीदारी करना, कपड़े धोना, बलिों का भुगतान करने के लिए पैसे कमाना, कार की सर्वसिगि करना, स्वास्थ्य संबंधी नयिुक्तयिां करना आदि। फरि, उनसे कहो कि वे सुनश्चिति करें कि तुमने कुछ मसि नहीं कयिा है। हो सकता है कि तुम्हारे साथी बहुत सी ऐसी चीजें करते हो जसिके बारे में तुम्हें पता भी नहीं है।

तुम्हारे साथी को भी कामों की वही लसि्ट बनाने को कहो जो तुम उनके और तुम्हारे परविार के लिए करते हो। अब सूचयिों की तुलना करो। अगर वे अधकि भार वहन कर रहे हैं, तो ह्यूस्टन, यहाँ समस्या है। ज्यादातर मामलों में, तुम्हारे द्वारा कएि जाने वाले कामों की लसि्ट उनकी तुलना भी नहीं करेगी। यह वह जगह है जहाँ टूल आई एम ए इडयिट काम आता है।

"धन्यवाद" कहना अपने साथी के प्रति कृतज्ञता दखिाने का सबसे सरल, सबसे स्पष्ट तरीका लगता है, लेकनि ऐसा शायद ही कभी कयिा जाता है। इसलिए अगर तुम अपना उचति योगदान नहीं दे रहे हो, तो "आई एम ए इडयिट" का स्वामतिव लें और अपने अद्भुत साथी को धन्यवाद दो। अधकि महत्वपूर्ण है, "मैं यह काम कर लूँगा/लूँगी" से ऊर्जा सक्रयि करो और अपना उचति योगदान देना शुरू करो।

एक्शन आइटम
सही चुनाव करो
प्रतदिनि प्यार और स्नेह दखिाओ।
बस्तिर में कॉफी या एक चुंबन के साथ शुरूआत करो।

तुम मीठे नोट लखि कर अधकि प्रशंसा दखिाना भी शुरू कर सकते हो। उन्हें वहाँ छपिाओ जहाँ तुम्हारे साथी इसे आसानी से ढूंढ सके: उनकी कार के डैशबोर्ड पर, बाथरूम के शीशे पर, या उनके तकएि पर। यह आश्चर्यजनक है कि कैसे एक छोटा सा प्रेम नोट या एक फोन कॉल तुम्हारे साथी को बता रहा है कि तुम उनसे कतिना प्यार करते हो, यह तुम्हारे साथी के दनि को रोशन कर सकता है। यह तुम्हारी पार्टनरशपि को प्रज्वलति रखेगा।

अगर तुम्हारे साथी का सप्ताह कठनि रहा है, तो "मैं यह कर लूँगा/लूँगी" कहकर मदद करने का मतलब उनके लिए दुनयिा होगा। उन्हें स्नान में आराम करने या कतिाब के साथ बैठने के लिए कुछ घंटों का शांत समय दो। खरीदारी, खाना पकाने, रात के खाने के बर्तन साफ करने और बच्चों को उनके होमवर्क में मदद कर दो।

तुम उपहारों के साथ धन्यवाद कह सकते हो: फूल या तुम्हारे द्वारा नयिोजति एक रोमांटकि डेट रात, जहाँ तुम्हारे फोन को तुम्हारी डेट के दौरान अच्छे से दूर रखो। अपने साथी को कसिी ऐसी चीज़ से आश्चर्यचकति करो जसि उन्होंने देखा और पसंद कयिा लेकनि अपने लिए खरीदा नहीं। इसके अलावा, उनके जन्मदनि या वेलेंटाइन डे पर कार्ड, फूल कभी न भूलो, या कसिी अन्य चीज जसिसे तुम अपने साथी को आश्चर्यचकति कर सको। जब लोग यह कहते हुए बहाना बनाते हैं कि ये जरूरी नहीं है, तो यह सच नहीं है। यह साल में कुछ ही दनि होते हैं। तुम्हारे पास यह दखिाने का मौका है कि तुम आभारी हो, और यह ज़रूर काम करता है। कोई भी साथी कृतज्ञता को माना नहीं करेगा।

तुम अपनी दनिचर्या में हाँ दविस (यस डे) भी डाल सकते हो। हाँ दविस इस तरह काम करता है: चाहे जो भी दनि हो और तुम्हारा साथी जो भी कहे, तुम्हें "हाँ" कहना होगा। इसलिए, "मांग" की सीमा पर एक अनुबंध बनाओ, जसि पर तुम दोनों सहमत हों। दोनों पक्षों के पहले दौर के बाद, अनुबंध को अद्यतन कयिा जा सकता है। तो, शुरुवात करने के लिए, मान लें कि हर दूसरे महीने का पहला शनविार हाँ दविस होग। फरि यह तुम्हारे साथी के साथ बदला जाएगा, और उनका दनि होगा। अब तुम्हारी बारी है कि तुम्हारे साथी तुमसे उस पूरे दनि में जो भी कहे उसे हाँ कहो।

यह हाँ दविस कई स्तरों पर बहुत अच्छा है। उस एक दनि के लिए, तुम्हारे साथी की इच्छाएँ पूरी होती हैं, वशिेषकर वे इच्छाएँ जो आमतौर पर रोक दी जाती हैं। यह कहते हुए, भले ही यह दूसरे साथी के लिए कठनि हो सकता है, लेकनि उज्ज्वल पक्ष को देखें। हर दूसरे महीने में एक दनि तुम्हारे साथी को बहुत अच्छा लगता है। यह अभ्यास रशि्ते पर राज करता है क्योंकि एक साथी की इच्छाएँ पूरी हो रही हैं।

हाँ दविस पर तुम्हारा पहला प्रयास पार्टनरशपि को चुनौती दे सकता है, क्योंकि आमतौर पर कुछ मांगने की पहली प्रतक्रियिा "नहीं" कहना होता है। लेकनि इस बारे में एक पल के लिए सोचो। यह वह साथी है जसि तुम प्यार करते हो और उसकी परवाह करते हो, और वो जो कुछ भी तुमसे करने को कहेंगे वो उन्हें खुश करेगा। तुम उन्हें इंकार क्यों करोग? मैं तुमसे वादा करता हूँ कि अगर तुम्हारे साथी की इच्छाएँ पूरी होने लगेंगी, तो वे तुमसे और प्यार करेंगे।

हाँ दविस प्रत्येक साथी के लिए यह समझने का मौका है कि उन्हें किसि चीज़ से खुशी मलिती है। तुम्हें यह समझने में भी मदद मलिगी कि तुम्हारे साथी को क्या लगता है कि वे क्या मसि कर रहे हैं। यह एक साथी को उनकी मांगों को शांत तरीके से पूरा करने में सक्षम करेगा। यह पार्टनरशपि को उन जगहों के लिए भी चुनौती देता है जहाँ वे कभी नहीं जाएँगे या नहीं करेंगे। अंत में, तुम्हें यह भी एहसास हो सकता है कि कोई ऐसी चीज़ तुम्हें मज़ेदार लग जाए जसि तुमने कभी आज़माया नहीं होगा।

जिम्मेदारियों को बांटो
जब तुमने वादा किया था कि तुम उस दरवाजे को ठीक कर दोगे और इसे अभी तक ठीक नहीं किया है
जब तुमने वादा किया था कि तुम बच्चों को लेने जाओगे और तुम भूल गए
चूप रहो और बस कर दो

जम्मिेदारयिों को बांटना

अगर तुम्हें लगता है कि तुम्हारे साथी की जगह कचिन में है,
तो यह भी याद रखना कि चाकू भी वहीं रखे जाते हैं।

परभिाषा के अनुसार पार्टनरशपि का अर्थ है एक साथ उपक्रम में भाग लेना। साथयिों परपिूर्ण नहीं होते हैं, लेकनि उन्हें स्थरि महसूस होना चाहएि, वफादार होना चाहएि और एक साथ काम करने के लएि तैयार रहना चाहएि। अगर इन गुणों को अपनाना मुश्कलि लगता है, तो यह नाराज़गी पैदा करेगा।

जम्मिेदारयिों को शेयर करना – सतह पर दो उचति और सीधे शब्द। लेकनि इस प्याज को उल्टा छीलोगे, और इतने सारे झगड़े, तलाक, नाखुशी और नाराजगी उन शब्दों से आ जाती है।

समस्याएँ तब उत्पन्न होती हो जब एक साथी चाहता है कि दूसरा रशि्ते में अधकि शामलि हो। इससे कोई फर्क नहीं पड़ता कि तुम कसिी कंपनी के अध्यक्ष हो और तुम्हें हर समय यात्रा करनी पड़ती है। नशि्चति रूप से, तुम इस बात को सही ठहरा सकते हो कि परविार के लएि आर्थकि सहायता प्रदान करना तुम्हारा काम है। लेकनि अगर इसका मतलब है कि तुम रशि्ते में मौजूद नहीं हो, तो दुनयिा के सारे पैसे मलिने पर भी तुम्हारे साथी परवाह नहीं करेंगे। वे इस बात की परवाह करते हैं कि तुम वास्तव में पार्टनरशपि में – मन, शरीर और आत्मा से हो।

अगर तुम्हारा तरीका बाहरी मदद के लएि कॉल करके जम्मिेदारी शेयर करना है, तो तुम तकनीकी रूप से काम पूरा कर रहे हो। लेकनि यह टीम वर्क नहीं है। जब तुम खुद नहीं कर रहे हो, अपना उचति योगदान नहीं दे रहे हो, और जब जम्मिेदारयिों को शेयर करके मदद नहीं कर रहे हो, तो इसका मतलब है कि तुम अपने साथी पर सारा बोझ डाल रहे हो। यह हक़ की बात है। यह पार्टनरशपि में नाराजगी और असंतुलन पैदा करता है। क्रोध उत्पन करता है।

जब तुम एक प्रकार से जम्मिेदारयिों को शेयर करते हो और सोचते हो कि यह उचति है, तो इस बात से अवगत रहें कि तुम्हारे साथी इसे पूरी तरह से अलग देख सकते हैं। अगर तुम अपने साथी से सवाल नहीं पूछते हो, तो तुम कभी नहीं जान पाओगे कि क्या वे तुम्हारी कमतिमेंट के स्तर को उचति मान रहे हैं या समस्या के रूप में देख रहे हैं।

अगर यह समझ में आ गया है कि तुम शेयरगि वभिाग में हल्के हो, तो यह कहना ठीक है कि "तुम सही हो, और मैं गलत।"

तुम्हारे और तुम्हारे साथी के लिए सवाल

क्या हम में से प्रत्येक निरंतर तनाव और चिंता में है क्योंकि हम एक दूसरे की पर्याप्त मदद नहीं कर रहे हैं?

क्या हम पारिवारिक गतिविधियों और कामों का शिड्यूल शेयर करते हो?

क्या हमारे पास अधूरी हनी-डू लिस्ट हैं जो छह महीने से अधिक समय से लटकी हुई हैं?

क्या हमारे पास समान मात्रा में खाली समय है या हम में से एक अभी भी पिस रहा है जबकि दूसरा आराम कर रहा है?

क्या हम एक-दूसरे के बारे में पता करते हैं, हम में से एक को एक अंतहीन टू-डू लिस्ट के साथ छोड़ दिया जाता है जबकि दूसरा एमआईए है?

क्या हम एक-दूसरे की मदद करने के लिए बोलते रहते हैं, केवल एक के बाद एक बहाना सुनने के लिए?

क्या हम में से कोई भी घर के कामों को टालता रहता है?

क्या हम किसी कार्य को पूरा करने के लिए जो कर रहे हैं उसे छोड़ देते हैं जब दूसरा बोलता है?

क्या हम मानते हैं कि दूसरा साथी उनकी अपेक्षाओं को लेके अनुचित है?

क्या हम वो करना भूल जाते हैं जो हमने करने का वादा किया था?

क्या हम इस बात को लेकर लड़ते हैं कि हम में से प्रत्येक अपनी पार्टनरशिप को बनाए रखने में कितना प्रयास कर रहा है?

जम्मिेदारयिों को शेयर करने के लएि टूल: बस चुप रहो और कर दो (जस्ट शट अप एंड डू इट)

अपने साथी के साथ सहमत होना और यह पता लगाना की प्रत्येक की क्या ज़रूरत है उसके लएि मेहनत लगती है। लक्ष्य है कि उन्हें अकेले कमांडो बन कर नहीं, बल्कि साथी के रूप में एक साथ नपिटाना है। स्मार्ट और बुद्धमिान साथी बनो जो जस्ट शट अप एंड डू इट टूल को लागू करता है।

जस्ट शट अप एंड डू इट का पहला भाग समझौता है, और दूसरा भाग व्यवस्थति होना है। यह हाथ में सभी कामों से नपिटने की कुंजी है। याद रखें, सरि्फ सफाई के काम नहीं है। बलि का भुगतान, केबल कंपनी के साथ होल्ड पर बैठना, भोजन की योजना बनाना और परविार के सदस्यों के लएि जन्मदनि का उपहार खरीदना जैसी चीजें भी आवश्यक हैं। आने वाले हफ्तों में आने वाले सभी कार्यों की लसि्ट बनाना और यहाँ तक कि सभी के लएि सुलभ कैलेंडर बनाना जो बताता है कि किसिकी जम्मिेदारी है। अगर एक साथी व्यस्त एचओ जाता है, तो दूसरे साथी को जस्ट शट अप एंड डू इट पता होना चाहएि। यह एक पार्टनरशपि है, और खेल को जीतने के लएि एक टीम की जरूरत होती है।

समझौता करने के लएि जम्मिेदारयिों को शेयर करने का एक उचति तरीका होना चाहएि। चूंकि हम वयस्क हैं, और काम सभी को ऐसा महसूस करता है कि वे पांच साल के हैं, हम काम को "गतविधियिां" कहेंगे। इसलएि, गतविधियिों को समान रूप से वभिाजति करो। उन क्षेत्रों के आधार पर गतविधियिों को असाइन करके शुरू करो जनिमें तुम अच्छे हो। उन्हीं पुराने तर्कों से बचने का रहस्य है कि अपनी गतविधियिों की लसि्ट को पूरा करो। अगर कोई साथी अपने काम पूरे नहीं कर रहे हैं, तो उन्हें नाराजगी दखिाओ और गतविधियिों के पूरा होने तक उनके खेलने का समय काट दो।

एक्शन आइटम
संवाद करो
इस रशि्ते को अच्छा करने की पहल करो।
साथी प्रोजेक्ट पर काम करो
जनि्हें तुम इस सप्ताह पूरा करोगे।

कसि कार्य में कौन बेहतर है, इस आधार पर गतविधियिों को शेयर करने में तुम्हें सावधान रहने होगा, खासकर जब वह असंतुलति लसि्ट हो। अगर ऐसा है, तो तुम्हारे साथी को कुछ नए कौशल सीखने होंगे। आओ उन्हें सखिाओ क प्याज कैसे काटें या डशिवॉशर कैसे लोड करें या रमिोट कैसे प्रोग्राम करें। लेकनि उनकी आलोचना नहीं करो या उनका कयिा हुआ तुम्हें पसंद न आए तो चीजों को दोबारा ठीक नहीं करो। यह केवल तुम्हारे साथी को नराशि करेगा और वो उन चीजों को फरि से कभी नहीं करना चाहेंगे।

फरि, संगठति हो जाओ और उन समय प्रबंधन कौशलों को लागू करो जनि्हें तुमने सीखा है। उदाहरण के लएि, तुम्हें हर दो घंटे खेलने के लएि एक घंटे की कड़ी मेहनत करनी होगी। लक्ष्य हनी-डू लसि्ट को पूरा करना है, और जब पूरा हो जाए, तो और मांगो। इसके बारे में सोचो, "मेरी कार चलाना कतिना बेहतर है जब पता हो क ब्रेक वास्तव में काम कर रहे हैं या" ओएमजी, अब मैं अपने दोस्तों को आमंत्रति कर सकता हूँ क्योंक अब वे पोर्च फर्श में उस छेद से नहीं गरिेंगे।

आने वाले सप्ताह में क्या करने की ज़रूरत है और इसके लिए कौन जम्मिदार होगा, यह परभिाषति करते हुए एक कैलेंडर बनाओ। एक शेड्यूल बनाओ और समय सीमा नर्धारति करो। टू-डू लसि्ट ऐप से रमिाइंडर सेट करो या सभी की लसि्ट को पोस्ट करो, जैसे फ्रजि पर। अगर तुम नहीं कर रहे हो, तो अपने साथी को बोलो कि जब तक यह पूरा नहीं हो जाता तब तक वे तुम्हें बोलते रहें। जो उचति है, वो उचति है। दोनों पक्षों के तरफ से मदद करने की एकमात्र स्थतिि तब है जब कसिी साथी का शेड्यूल काम को पूरा करने की अनुमति नहीं देता है या अगर तुम बीमार हो। तुम्हें पता चल जाएगा कि यह कब उचति है या नहीं है। एक-दूसरे के बारे में पता करने का एक तरीका ढूंढ लें और, जब संदेह हो, तो जस्ट शट अप एँड डू इट।

सुरक्षा

ज़रूरत महसूस करना

तनाव

मनोवृत्ति

वजन

अध्याय 9: संबंध के सुरक्षा के लिए दैनकि टूल

प्रेम आशा

जब तुम उठो तो अपने साथी
को चुंबन दो सौंदर्य और स्वच्छता
वीटो
STOP
उनके घर पहुंचने पर एक ग्लास वाइन
सर्व करो या डिनर पर इंतज़ार करो
साथी को डेट
पर ले जाओ
पने साथी के लिए बिस्तर पर कॉफी लाओ

प्यार कएि जाने की अनुभूता

सभी महान चीजें सरल होती हैं और
सरि्फ एक शब्द में समाहति की जा सकती हैं: आशा।

तुम्हारे अपने पार्टनरशपि और रशि्ते में सुरक्षा लाने की शुरुआत। इन्हीं से तुम परभिाषति हो। तुम अकेले ही अपने कार्यों को आगे बढ़ाकर बदलाव ला सकते हो। अन्य सभी लोगों के तुलना में अपने साथी को अपने जीवन का सबसे महत्वपूर्ण इंसान बना कर इस पार्टनरशपि को अपना बनाओ— और इसमें तुम्हारा परविार और बच्चे शामलि हैं। और इस पार्टनरशपि को अपना बनाओ और तुम्हारे साथी के अलावा कसिी को भी इसके बारे में कहने की इजाजत मत दो। इस पार्टनरशपि को अपना बनाओ और अपने साथी के आवाज को सुनो। समझो कि हिर बार जब तुम अपने साथी की आलोचना करते हो, नीचा दखािते हो, बहस करते हो, हमला करते हो या नकारात्मक बयान देते हो, यह सब चीजें पार्टनरशपि में प्यार को हल्का कर देता हैं। अध्याय 2 के चार गलतयिाँ कसिी भी रशि्ते के लएि वनिाशकारी हो सकती हैं। यदि एक से अधकि गलतयिां तुम्हारे रशि्ते में मौजूद हैं, तो तुम बहुत तेज गति से प्रेम हीनता के भावना की तरफ जा रहे हो।

हर बार जब तुम भावनात्मक रूप से चुप हो जाते हो या चेक—आउट करते हो क्योंकि तुम बेहद जरूरी मुद्दों के बारे में बात नहीं करना चाहते, फरि पार्टनरशपि में दूरी बन जाती हैं। यह पार्टनरशपि में प्यार को नकारात्मक रूप से प्रभावति करता है।

कैसे तुम अपने साथी को प्यार जता सकते हो जब तुम उनसे नरिंतर रूठे हुए हो? तुम नहीं कर सकते। तुम एक ऐसे साथी से कैसे प्यार कर सकते हो जो हमेशा कसिी भी कारण से तुम पर चल्लिा रहा हो? तुम नहीं कर सकते। तब तुम एक साथी कम और एक बुरे रूममेट बन कर रह जाते हो।

यदि तुम्हे अपने साथी से कम या शून्य प्यार मलिने की अनुभूति होती है, तो मैं तुमसे वादा करता हूं कि उनको भी ऐसा ही महसूस होता हैं। इस मामले में, तुम और तुम्हारे साथी एक दूसरे के प्रति सम्मान खो चुके हो। अपने पार्टनरशपि को लेकर गुस्सा, नाराजगी, मलिी-जुली भावनाएं...और यही क्षण होता हैं जब तुम दोनों सवाल करते हो कि तुम इस दयनीय पार्टनरशपि में आखरि क्यों फंसे हुए हो।

प्यार की कमी पार्टनरशपि को नुकसान पहुंचा सकती हैं। यदि ऐसा कुछ हुआ हैं और तुम इसे परविर्तति करना चाहते हो, तो फरि स्वीकार करो और कहो, "तुम सही, मैं गलत।"

तुम्हारे और तुम्हारे साथी के लिए सवाल

क्या हम कभी प्यार से वंचति महसूस करते है क्योंकि हिमें से कोई एक या हम दोनों ही भावनात्मक रूप से अलग हो गया है?

एक दूसरे के दनि को आसान बनाने के लिए हम क्या ऐसा कुछ करते हैं जसिसे हम एक दूसरे को प्यार जता सकें?

क्या हमें कभी संदेह होता हैं कि हिम एक-दूसरे से प्यार करते हैं और एक-दूसरे के लिए प्रतबिद्ध हैं? यदि हिमें ऐसा महसूस होता है, तो हम उन शंकाओं का क्या करते हों?

क्या हम एक-दूसरे को प्यार और सराहना छोटे-छोटे तरीकों से दखिाते हैं, जैसे एक दूसरे के लिए कॉफी बनाना या उन्हें आराम मलि सके इसलिए स्नान का इंतजाम कर देना?

कुछ पूछे जाने पर क्या हम ठहरते हैं और एक दूसरे की बातें सुनते हैं?

क्या हम अपने योजनाओं को रद्द कर देते हैं जब हमें महसूस होता हैं कि हिमें एक दूसरे का साथ देना चाहिए?

क्या हम कभी भी आलगिन और चुंबन करते हैं, यह जताने के लिए कि हिम एक दूसरे से कतिना प्रेम करते हैं?

क्या हम नयिमति रूप से सेक्स और अंतरंगता के लिए एक नजिी समय और स्थान का बचाव करते हैं?

जब हम एक दूसरे से नाराज होते हैं, क्या हम एक सांस भरकर, एक दूसरे को यह याद दलिाते हैं कि हिम एक दूसरे से प्यार करते हैं और उनकी परवाह करते हैं — और यही मूल बात हैं?

क्या हम एक दूसरे का ख्याल रखते हैं, जसिसे हम ऐसे मूड में होते हैं जहां हम एक दूसरे के द्वारा कएि गए प्यार के पेशकश को अपनाते हैं?

प्यार कएि जाने को महसूस करने का टूल: आशा

तुम्हारे साथी ने तुम्हारे साथ एक प्रतबिद्ध पार्टनरशपि में प्रवेश कयिा है, इस उम्मीद में कतिुम हमेशा के लएि साथ रहोगे। तो क्या तुम्हारे साथी को अब भी लगता हैं कतिुम हमेशा साथ रहोगे? क्या तुम संदेश भेजते हो कतिुम हमेशा के लएि साथ रहना चाहते हो, या क्या तुम संदेश भेजते हो कतिुम जलते जहाज के डूबने से पहले उतरना चाहते हो?

यह समय हैं मूल बातों पर जाने का और अपने साथी को अपनी प्राथमकिता बनाने का। आशा का यह टूल्स मदद कर सकता हैं। अपने साथी को सर्वोच्च प्राथमकिता देना रशि्ते में प्यार वापस लाने की कुंजी हैं। तुम अपने साथी को फरि से प्यार का एहसास देकर अपने रशि्ते को सही दशिा में ला सकते हो।

यह इतना आसान हैं, लेकनि इसमें त्याग की जरूरत हैं और इन सभी चीजों को छोड़ना होगा जो एक स्वस्थ संबंध के आड़े आ रही हैं। यह एक दूसरे को समझना हैं, अतीत को जाने देना हैं और यह याद रखना हैं कयिह रशि्ता केवल तुम्हारे बारे में ही नहीं हैं।

अपने साथी के साथ बैठे और उन सभी चीजों के बारे में बात करो जो उन्हें नाराज करती हैं। उन्हें बताओ कतिुम चाहते हो कवािह तुमसे प्यार करें, तुम्हे सम्मान करो और फरि से तुम पर भरोसा करें, और तुम चीजों को बेहतर बनाने के लएि तैयार हो।

एक्शन आइटम

सवाल पूछो कि

तुम्हारे साथी को क्या परेशान कर रही है? पूछने के लएि तीन दनि के नयिम का उपयोग करो। समझो कवि झूठ मुठ का नाटक नहीं कर रहे; वे चीजों को इसी तरह से देखते हैं। चौथे दनि इस बारे में बात करो।

अब तीन दविसीय नयिम लागू करने का समय आ गया हैं। यह इस तरह काम करता हैं। सभी मुद्दों की सूची तैयार करो। तुम्हारे पास कम से कम एक या दो पृष्ठ वास्तवकि समस्याओं की होनी चाहएि। अभी तुम देखो क रिचनात्मक तरीके से कोई बदलाव लाया जा सकता हैं कनिहीं। वास्तवकि मुद्दों को बनिा वचिार कएि संसाधति करने में तुम्हें 3 दनि लगेंगे। समझ लो कतिुम्हारी पहली प्रतक्रियिा होगी "बलि्कुल नहीं!" तुम रक्षात्मक बनोगे—यह स्वाभावकि मानव स्वभाव हैं। एक बार जब तुम शांत हो जाओ, तो सूची को पढ़ लो। तुम्हे देखना चाहएि कक्यिा उचति हैं। अधकि जटलि मुद्दों पर, अपने साथी से बात करो और देखो कक्यिा तुम समझौता कर सकते हो। इस तरह तुम अपने साथी को दखिाते हो कवि तुम्हारी प्राथमकिता हैं।

तुम्हे प्रतबिद्ध रहने की जरूरत हैं। इसका अर्थ हैं सकारात्मक बने रहना, तब भी जब तुम जीवन के उतार-चढ़ाव से गुजरें रहे हो। नकारात्मक वचिारों को कुचल दों और याद रखो कि तुम्हारा कार्य तुम्हारे वचनों से अधकि कारगर होगा। तुम एक चट्टान हो और तुम्हारा साथी तुम पर भरोसा करता हैं, और इस तरह से तुम इस भरोसे को वास्तवकिता में रूपांतरति करते हो। तो, यह समय हैं तुम्हारे साथी को प्राथमकिता देने का, और यह जटलि नहीं हैं। इसके लिए सरि्फ प्रतबिद्धता आवश्यक हैं।

तनाव

अपने साथी के तनाव को कम करने को जीवन में अपना काम बनाओ

रात का खाना कहाँ है

मुझे समय का ख्याल नहीं रहा

मैं किराने की दुकान पर जाना भूल गई

मैं कपड़े धोना भूल गई

तनाव को खत्म करो

ज़रूर, वे यह सब स्वयं कर सकते है,
लेकनि एक असली साथी उन्हें ऐसा करने नहीं देगा।

तनाव हर कसिी के दैनकि जीवन में मौजूद होता हैं। इससे नपिटने के लए तुम अपने साथी के लए कैसे सकारात्मक बदलाव ला सकते हो और सबसे महत्वपूरण, इसे कैसे कम कर सकते हो? तनावपूरण घटनाएँ तुम्हारे साथी के अपने प्रत िऔर अपनी दुनयिा के प्रत िदृष्टकोिण को बदल सकती हैं। यह उनके जीवन, नौकरी, रशि्तों, सुरक्षा और भवषि्य के बारे में उनकी भावनाओं को बदल सकता है। यद ितुम जुड़े हुए नहीं हो, तो तुम्हे कभी पता भी नहीं चलेगा।

यद ितुम घर की सभी गतविधियिों को संभालने के लए अपने साथी पर नरि्भर हो, तो अनजाने में तुम उनके जीवन में तनाव डाल रहे हो। और भी बदतर बात यह हैं क,ि तुम्हारा साथी जीवन के एक ऐसे मोड पर हैं जहां वह छोटी-छोटी चीजों के लए भी तुम पर भरोसा नहीं कर सकता है और यहां तक की उन्होंने तुमसे पूछना भी बंद कर दयिा हैं। तुम्हारे साथी के लए, इसे स्वयं करना आसान और कम नरिाशाजनक हो सकता हैं।

ज्यादातर समय, तुम स्वयं को पहले से ही ओवरलोडेड पाओगे, तो अतरिक्ित वति्त, परवाि र, स्वास्थ्य और काम के मुद्दे तुम्हारे पहले से ही व्यस्त कार्यक्रम में कैसे फटि होते हैं? वह नहीं होते हैं। खासकर अगर एक साथी ज्यादातर बोझ ढोने की कोशशि करता हैं। तनाव भावनात्मक दूरी भी पैदा कर सकता हैं जसिसे अंतरंगता का नुकसान होता हैं और रोमांस की मृत्यु हो जाती हैं।

जब एक पार्टनरशपि मजबूत होती हैं और दोनों साथी तनाव का प्रबंधन करते हैं, हनी, आघात, त्रासदी या अन्य घटनाओं से उबरने की काबलियित को मनोवैज्ञानकि लचीलापन (psychological resilience) कहते हैं। जब यह पार्टनरशपि कमजोर होते हैं तब मुद्दे समस्या बन जाते हैं।

यद ितुम्हारा साथी हमेशा चतिति और परेशान रहता हैं, तो तुमने अपना काम सही से नहीं कयिा हैं। यद िऐसा हुआ हैं और तुम इसे बदलना चाहते हों, फरि स्वीकार करो और कहो "तुम सही, मैं गलत"

तुम्हारे और तुम्हारे साथी के लिए कुछ सवाल

क्या हम आमतौर पर एक-दूसरे के तनाव को बढ़ाते हैं, या क्या हम एक-दूसरे के तनाव को कम करते हैं?

क्या हम एक दूसरे के तनाव को बढ़ाते हैं जब बात घर के गतिविधियों को संभालने की होती हैं?

एक दूसरे को थोड़ी राहत और आराम देने के लिए हम क्या करते हैं?

क्या हम में से कोई एक या दोनों को ही नियंत्रण की समस्या हैं जिससे एक दूसरे को और परेशानी होती हैं?

क्या हम में से कोई एक या दोनों ही बचपन की समस्याओं से जूझते हैं या PTSD से पीड़ित हैं?

क्या हमारे बाहरी परिवार के सदस्य हमारे तनाव को बढ़ाते हैं? अगर हम ऐसा होते हुए देखें तो क्या हम एक-दूसरे के लिए तनाव कम करने की कोशिश करते हैं?

क्या हम अपने रिश्तो की स्थिति को लेकर तनाव में हैं?

क्या हम में से कोई एक तनावग्रस्त हैं क्योंकि हमें लगता हैं कि हमारा साथी रिश्ते के लिए उतना प्रतिबद्ध नहीं हैं जितना हम पहले हुआ करते थे? दोनों ने या किसी एक ने हार मान ली हैं?

क्या हम दोनों को ही स्वास्थ्य समस्या हैं जिससे हमारे पार्टनरशिप में तनाव पड़ रहा हैं।

हम सर्वदा परेशान और चिंतित रहते हैं क्योंकि हम बिना लड़े बात नहीं कर सकते?

तनाव को खत्म करने का टूल: इट्स योर जॉब

एक ओवरलोडेड साथी को सहायता करने का रहस्य क्या है? लोड को कम करना इसे अपना काम बनाओ जिससे कि उन्हें तनाव ना हो सके, इसका अर्थ हैं जो कुछ भी करना हैं वह करना। यदि तुम जीवन को इस मानसकिता के साथ सामना करते हों कि यह तुम्हारा काम हैं कि तुम्हारा साथी कभी तनाव ग्रस्त ना हो, तो तुम इस खेल में आगे चल रहे हो।

इट्स योर जॉब तुम्हारे साथी के तनाव को कम करने के लिए गेम-चेंजर हैं। बस बैठ कर सोचो कि मैंने तुमसे क्या करने को कहा हैं और क्यों। फिर, समझने की कोशिश करो कि तुम्हारे साथी को तनाव से मुक्त रखने के लिए क्या आवश्यक हैं। यह पूछना बहुत बड़ी बात हैं, और मैं इससे मिलने वाले पुरस्कारों की संख्या नहीं गिन सकता। इट्स योर जॉब के साथ शुरुआत करने का समय आ गया हैं।

जब तुम अपने साथी में तनाव के लक्षण देखते हों, तो स्नेह और करुणा के साथ इसे पता लगाने की कोशिश करों। यह, यह पूछने जितना आसान हैं कि, "क्या आज का तुम्हारा दिन बुरा था? क्या मैं कोई मदद कर सकता/ सकती हूँ?" या "मैं इसे बेहतर बनाने के लिए क्या कर सकता/सकती हूँ?" जब तुम अपने साथी को वाकई में जानते हों, तो तुम को बारीकी से पता होगा कि कहां उन्हें सहायता की जरूरत हैं और बस उनकी मदद करों। जब काम की बात आती हैं, तो तुम बस इसे कैसे भी करके और बिना शिकायत के पूरा करते हो।

एक्शन आइटम

समझौता करो

तुम्हारे साथी के लिए समय निकालने का समय हैं। एक सप्ताह के लिए, उन खेलों को देखना बंद करों और इसे तुम दोनों के लिए बनाओ। सिर्फ एक हफ्ते के लिए।

मानलो कि वित्ति एक मुद्दा हैं, और तुम पैसे को संभालते हो। अपने साथी के साथ बैठो और समस्या का समाधान करो। अपने कर्ज को कम करने के लिए योजना बनाएं। इसका अर्थ हैं की कर्ज को कम करने के लिए कठिन निर्णय लेना जहां आवश्यक चीजों को बेचने की जरूरत पड़ सकती हैं या बाहर खाने जाना या बाहर रोज कॉफी पीने पर खर्च कम करना भी हो सकता हैं। याद रखें कि लक्ष्य तनाव को कम करना हैं।

सभी पार्टनरशिप में अंतरंगता बेहद जरूरी हैं, और जब यह मिसिंग होती हैं, इससे पार्टनरशिप में तनाव बढ़ता हैं। क्या तुम इतने व्यस्त और डिस्कनेक्टेड हो गए हो की तुम्हे याद नहीं के आखिरी बार कब तुमने अपने साथी के साथ इकट्ठे मजे किए थे? यदि ऐसा हैं, तो एक साथ मौज-मस्ती करना यह तुम्हारा जॉब हैं। फिल्मों में जाना, सैर करना, पिकनिक, खेल, यात्राएं, हाथ पकड़ना, गले लगना और साथ में हंसना सामान्य महसूस करने की दवा हैं।

अपनी शेड्यूल से अपने साथी के लिए समय निकालें। तुम्हारे साथी के साथ तुम्हारा रिश्ता अन्य सभी प्राथमिकताओं और शेड्यूल से ऊपर हैं। एक दूसरे के गुणों की तारीफ करो और इसे साफ तरीके से और सम्मान पूर्वक बयां करो, क्योंकि तनाव गलतफहमियों से उत्पन्न होती हैं।

बिना अपने साथी के कोई बड़ा निर्णय लेना हमेशा तनाव को बढ़ाएगा। इसका मतलब यह हैं कि यह समझना तुम्हारा जॉब हैं कि तुम्हे यह सुनिश्चित करने की ज़रूरत हैं कि तुम्हारा साथी सहमत हैं और तुम दोनों का एक ही मत हैं। हमेशा अपने साथी को हर चीज की जानकारी दो और प्यार और अच्छे इरादों के साथ उनको सूचित करो।

अपने काम में दक्ष होने का मतलब हैं सच बोलना और अपने साथी के साथ ईमानदार रहना, भले ही दुख क्यों न हो। इससे रिश्ते में कम तनाव आएगा क्योंकि यह पार्टनरशिप और भरोसे में ईमानदारी लाता हैं, जसिके परिणाम स्वरूप थोड़े राज़ और कम तनाव रहता हैं।

मनोवृत्ति

अपने अवचेतन पर नियंत्रण रखो और अपना खोना बंद करो

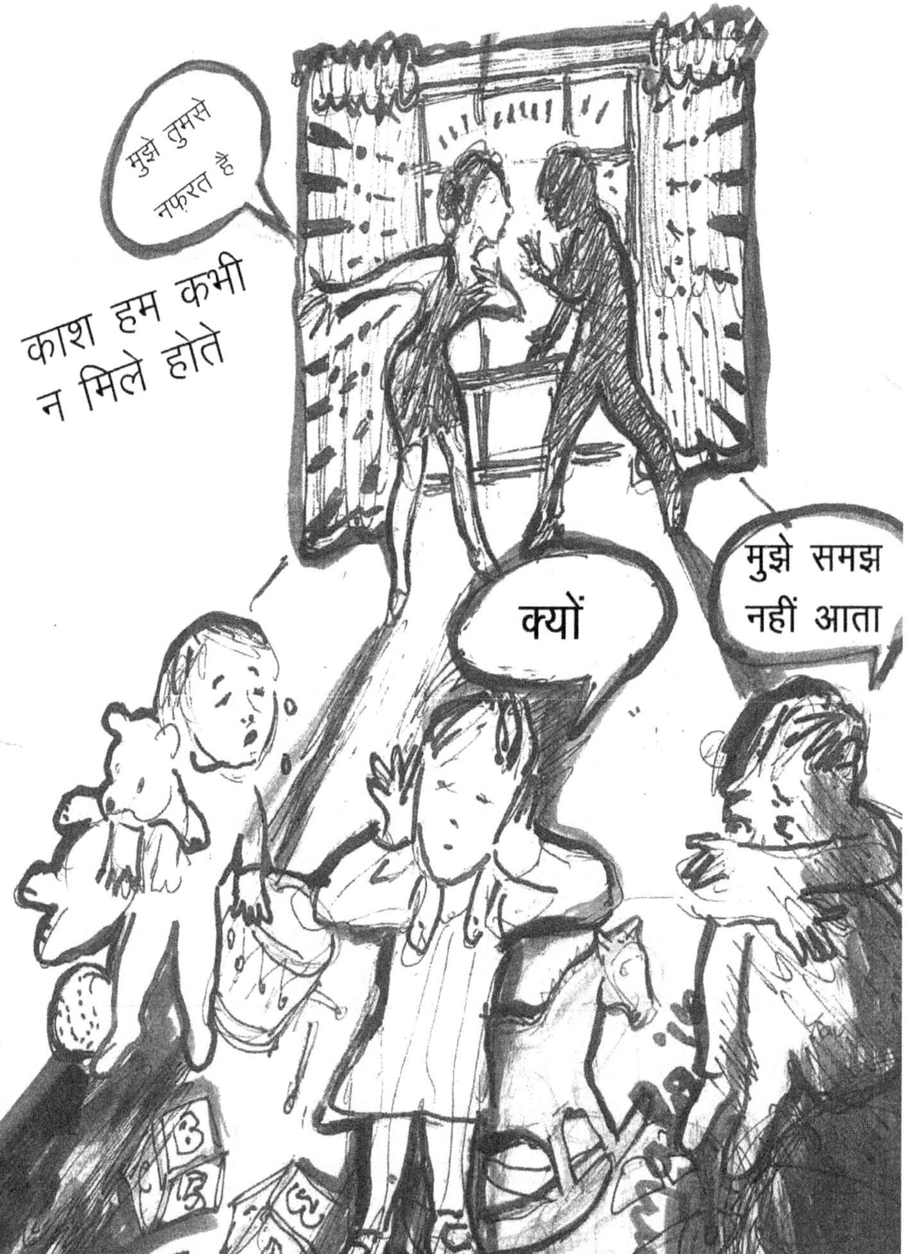

मजिाज को शांत करना

यदि तुम नींबू को ज्यादा नचिोड़ रहे हो
तो नींबू का रस कड़वा भी हो सकता हैं।

खराब मजिाज पार्टनरशपि के लएि हानकिारक हो सकता हैं। यह दोनों साथी के लएि काफी तरह की परेशानयिां खड़ी कर सकता हैं। यदि तुम्हारा मजिाज सही नहीं हैं और अक्सर तुम्हारा गुस्सा फूट पड़ता हैं, चल्लिाना, चीजें फेंकना, धमकयिां देना या अपने साथी को नाम से पुकारना, तो करने लायक यह सबसे बुरे काम हैं। यदि तुम्हे जल्दी गुस्सा आता हैं या तुम तुरंत आपा खो देते हो, तो यह दैनकि जीवन का नयिम बन सकता हैं।

तो एक बुरा मजिाज होना तुम्हारे आसपास हर कसिी के लएि अस्वास्थ्यकारी हो सकता हैं। चड़िचड़िा मजिाज एक बुरी आदत बन सकता हैं और बनिा उचति क्रोध प्रबंधन (anger management) कौशल के, तुम्हारे साथी और तुम्हारे घर वालों को तुमसे बात करने में डर लग सकता हैं यह सोच कर कि किसी बात से यदि तुम भड़क गए तो। यदि तुम वैसे इंसान हो, तो मैं नश्चिति होकर कह सकता हूं की तुम्हारे आसपास तुम्हारे परवािर वालों की हालत ऐसी हैं जैसे बनिा आवाज कएि अंडों के छलिकों के ऊपर चलना। उन्हें लगता होगा कि वह तुम्हारे से असहमत नहीं हो सकते हैं या तुम से कुछ साझा नहीं कर सकते हैं जसिसे तुम सहमत नहीं हो।

चड़िचड़िा मजिाज कुछ ऐसा हैं जसि हम नकारात्मक कह सकते है। हालांकि यह एक नश्चिति मूड या अवस्था मन के स्थिति को दर्शाता हैं (आवश्यक नहीं की वह बुरा हो), यदि कोई कहे कि "तुम्हारा मजिाज हैं" आमतौर पर उनके कहने का अर्थ हैं कि तुम अपने भावनाओं पर नयिंत्रण नहीं रख सकते हो। थोड़ी सी असुवधिा होने पर या तो तुम लड़ने लगते हो या गुस्सा हो जाते हो, या तुम्हारे आसपास के लोगों के प्रति तुम पर्याप्त धैर्य नहीं रखते हैं।

हकीकत यह हैं की लोग हमारी बात सुने इसके लएि चीजें फेंकने की या आपा खो देने की जरूरत नहीं हैं। अपना आपा खोना खराब प्रोग्रामगि हैं। यदि ऐसा हुआ हैं, फरि इसे स्वीकार करना और कहना कि "तुम सही, मैं गलत" ठीक है।

तुम्हारे और तुम्हारे साथी के लिए सवाल

क्या हम में से कसिी को नयिंत्रण संबंधी समस्याएं हैं? क्या हम में से कसिी को बताया गया हैं कि हिमें नहीं पता कि किब रुकना हैं?

क्या हम बहस के दौरान शब्दों से एक-दूसरे को चोट पहुँचाते हैं?

क्या हम तब तक एक दूसरे पर ज़ोर डालते हैं जब तक दूसरा बहस हार नहीं जाता।

क्या हम एक दूसरे से "आई एम सॉरी" कहते हैं?

क्या गुस्से के अतरिकि्त अन्य भावनाओं को व्यक्त करने में हम में से कसिी को कठनिाई होती हैं?

क्या हमें लगता हैं कि हिम सम्मान पूर्वक और रचनात्मक तरीके से बहस करते हैं, या हम हमेशा एक दूसरे पर दबाव डालते हैं?

क्या हम एक-दूसरे को ऐसी बातें समझाते हैं जनिके बारे में हम पहले से जानते हैं, बस एक-दूसरे को चढ़िाने के लिए?

क्या हम बहस के दौरान एक दूसरे को अपने वचिार व्यक्त करने देते हैं? क्या हम असहमत होने पर भी एक-दूसरे को धैर्य, समझ और करुणा दखिाते हैं?

क्या हमें लगता हैं कि ज़ोर से बात करने से दूसरे के लिए हमें समझना आसान हो जाता हैं?

गुस्से को नयिंत्रति करने के लिए टूल्स: अपने चैटबॉक्स की जांच करो

एक आध दनि हर कसिी का बुरा बीतता हैं, मगर अपने साथी के प्रतिआक्रमक होना, खास तौर पर यदि तुम दैनकि रूप से ऐसा कर रहे हो, तो यह नकारात्मक रूप से तुम्हारे रिश्ते को प्रभावति कर सकता हैं। जब क्रोध, बद-मजिाजी की ओर रुख लेता हैं, तो मैं इसे चैटरबॉक्स सिंड्रोम कहता हूं। यह तब होता हैं जब तुम्हारा अवचेतन मन तुम को नयिंत्रति करता हैं और तुम्हे अपने साथी को भूलने या माफ करने नहीं देता उस हद तक जहां तुम खुद हार नहीं मान लेते।

जब तुम छोटी-छोटी बातों के लिए एक पल में अपना आपा खो देते हो, इसका मतलब यह एक बुरी आदत या एक बुरी प्रोग्रामिंग बन चुका हैं, और अब समय हैं तुम्हारे चैटरबॉक्स को जांचने का।

एक्शन आइटम

संवाद करो

अपने साथी के साथ बात करो। मेरा मतलब हैं असलयित में बात— मुद्दों को टेबल पर रखे और। बातचीत के द्वारा सुलझाएं।

यह चैटरबॉक्स क्या हैं? यहाँ सबसे सरल उदाहरण हैं। यह तब होता हैं जब तुम्हारा अवचेतन काफी दबाव बनाता हैं जसिसे तुम गुस्से से फूट पड़ते हो। कभी ट्राफकि में कसिी गाड़ी ने तुम्हे बेहूदा तरीके से ओवरटेक कयिा हैं? मतलब, कट ऑफ फरि क्या होता हैं? सामने का गाड़ी मस्ती से आगे नकिल जाता हैं। लेकनि तुम सारा दनि अंदर से क्रोधति रहते हो जैसे की तुम्हे कसिी ने युद्ध में परास्त कर दयिा हैं।

अपने चैटरबॉक्स की जांच करना अपने अंदर की आवाज को ऐसी जगह रखना हैं जहां से वह तुम्हे उकसा ना सके। ऐसा करने का यहां कुछ तरीका दयिा गया हैं— आजमाए गए और सत्य। पहले, 10 तक की गनिती करो। इसे करते समय गहरी सांस लो और नकारात्मक भावनाओं से खुद को दूर रखने के लिए और कुछ सोचो। चैटरबॉक्स तुम्हारे "लड़ाई" की प्रवृत्तिको बढ़ाना चाहता हैं। उस अवचेतन आवाज को चेतन बनाइए और उसे नयिंत्रण करने की कोशशि कीजिए।

यदि तुम्हे चंिता या क्रोध की अनुभूतिहो और तुम्हारा चैटरबॉक्स बंद ना हो, स्वयं को उस परस्थितिसि हटा दें। व्यायाम करने, लंबी दूरी तक पैदल चलने, या ध्यान के लिए स्वयं को कुछ मनिट दे। नकारात्मक ऊर्जा को नकिालने के लिए जो भी उचति हो उस क्षण करो। फरि जब तुमने अपने आप को शांत कर लयिा हैं, फरि अपने साथी के साथ इस बारे में बात करो। नयिंत्रण खोए बनिा कहो कतिुम्हे क्या परेशान कर रहा हैं, और बहससंगत बनो।

तभी और केवल तभी तुम अपने साथी के साथ एक भरोसे और शांत िके साथ जीवन भर बात कर पाओगे। तुम अपने साथी से केवल तभी बहस कर सकोगे जब तुमने अपने अवचेतन को नयिंत्रति कर लयिा हैं। पार्टनरशपि के रूप में तुम जटलि वषियों पर चर्चा कर सकते हो और बनिा अफसोस के करवाई के बारे में नर्िणय ले सकते हो।

यद िव्यसन शामलि हैं, और तुम एक गंभीर बहस कर रहे हो, तो समझो की उचति नर्िणय लेना लगभग नामुमकनि हैं, जसिमें तुम्हारे चैटरबॉक्स को रोकना शामलि हैं। यह एक बुरी परस्थितिि हैं और तुम्हारे साथी के लए अनुचति हैं। इन स्थतियिों में हुई क्षत अपरविर्तनीय हो सकती हैं। तुम्हे बाद में बातचीत करनी की जरूरत होगी। फलिहाल, अपने वचिारों को लखि लो या रकिॉर्ड कर लो ताक िजब तुम शांत हो जाओगे तब तुम उन पर पुनः वचिार कर सको। इससे तुम्हें उस साफ सोचने का अवसर मलिेगा।

याद रखो, अपने हर मत भेजदों पर लड़ने में ना ही समझदारी हैं और ना ही यह व्यावहारकि हैं। हो सकता हैं तुम बहस को जीत जाओ लेकनि अंत में यह तुम्हारे पार्टनरशपि को कमजोर कर देगा। नकारात्मक ऊर्जा को ठंडा होने का समय दो जसिसे एक अधकि बहससंगत चर्चा स्थापति की जा सके।

अपने साथी को बदलने की कोशशि पर ध्यान केंद्रति मत करो। तुम नहीं कर सकते। हालाँक,ि तुम अपने साथी को प्रभावति कर सकते हो और उन्हें अपनी स्थत िका लाभ दखिा सकते हो। तुम अपने द्वारा नयिंत्रति कए जाने के बजाय सहयोग के अनुकूल सकारात्मक वातावरण बनाकर अपने साथी को प्रभावति कर सकते हो।

कभी-कभी तुम्हे यह समझने की जरूरत होती हैं क ितुम्हे क्या परेशान कर रहा हैं। हो सकता हैं वह मुद्दा असल में कोई मुद्दा ही ना हो जसिके बारे में तुम लड़ाई कर रहे हो। यद ितुम्हें लग रहा हैं क ितुम छोटे-छोटे बातों पर अपना आपा खो रहे हो, तो समय आ गया हैं क ितुम अपने चैटरबॉक्स को बंद कर दो क्योंक िइससे काफी नुकसान हो चुका हैं। इसे जाने देना ठीक हैं।

वज़न
मुझे खाना पसंद है
यह सिर्फ एक अंक है
चिंता
अच्छे स्वास्थ्य खाने के निर्णय लेने में कठिनाई
नख़रेबाज़ खानेवाला

वजन प्रबंधन

तुम्हारा साथी तुम्हें बदल नहीं सकता।
लेकिन तुम बदल सकते हो क्योंकि तुम अपने साथी से प्यार करते हो।

कई लोगों के लिए, तुम्हारे शरीर की तरह, गठीला शरीर बनाए रखना कठिन होता हैं हो सकता हैं कि तुम अधिक वजन वाले या कम वजन वाले हो। हो सकता है कि तुम अपने चेहरे या शरीर के दूसरे हिस्से के प्रति जुनूनी हो। लोग अपने शरीर को कई बदलावों से गुजरते हुए देखते हैं और जहां भी तुम देखोगे, तुम्हें जवान, खूबसूरत, दुबले पतले लोग आइसक्रीम और डोनट खाते हुए दिखाई देंगे वही तुम सिर्फ राइस क्रैकर खा कर अपने वजन की वृद्धि के साथ जूझ रहे हो। जीवन सिर्फ गलत हैं।

क्या तुम्हारा साथी वजन के मुद्दों से जूझ रहा हैं जिसकी तुम आलोचना करते हो या यूं ही अपनी सलाह देते हो क्योंकि तुम चाहते हो कि वह अलग दिखे, और वह चाहे मोटे या पतले जैसे दिखते हो उससे तुम खुश नहीं हो? एक स्वस्थ साथी पाने का यह तरीका नहीं हैं।

यदि तुम्हारा साथी अधिक वजन होने के प्रति सचेत हैं, तो वह नहीं चाहेगा कि जब वे कपड़े उतारें या लाइट ऑन करो तो तुम उन्हें देखो। शरीर की छवि किसी के भी मनोवैज्ञानिक श्रृंगार का एक अभिन्न अंग हैं। जब तुम्हारे साथी के आत्मसम्मान को नुकसान होता हैं, तो उनके लिए तारीफ स्वीकार करना मुश्किल हो सकता हैं या तुम्हारे आस-पास सहज महसूस करना भी मुश्किल हो सकता हैं।

वजन के मुद्दे व्यक्तिगत हैं, और प्रत्येक इंसान उन्हें अलग तरह से संभालता हैं। बहुत सारे लोग हैं जो अपने रूप से खुश नहीं हैं, इस हद तक कि यह अस्वस्थ और जुनूनी बन जाता हैं।

वजन पर बातचीत सारी हदें लांग सकता हैं। यदि ऐसा हो, तो इसे स्वीकार लेना चाहिए और कहना चाहिए "तुम सही, मैं गलत।"

तुम्हारे और तुम्हारे साथी के लिए कुछ सवाल

क्या हम एक दूसरे के शरीर को वैसे ही स्वीकार करते हैं जैसे वे हैं?

क्या हम एक दूसरे के वर्तमान वजन को एक ऐसी समस्या के रूप में देखते हैं जिसे हल करने की जरूरत हैं?

जब हम एक-दूसरे को वजन बढ़ाते या घटाते देखते हैं तो क्या हम गौर करते हैं और टिप्पणी करते हैं? क्या हम जानते हैं कि हम दोनों को इन बातों को सुनना पसंद हैं?

क्या हम ऐसे खाद्य विकल्प चुनते हैं जो हम दोनों के लिए स्वस्थ हो?

क्या हम में से कोई घर में जंक फूड लाता हैं जब दूसरा वजन घटाने की कोशिश कर रहा हो?

क्या हम जानते हैं कि हमारा साथी हमारे बॉडी इमेज के आसपास प्रोत्साहित और समर्थित होना चाहता हैं?

क्या हम एक दूसरे को अपने बारे में अच्छा महसूस करने में मदद करते हैं?

क्या हम एक दूसरे के खाने को नियंत्रित करने की कोशिश करते हैं?

क्या हम में से कोई यह मांग करता हैं कि दूसरे को उनके शरीर या वजन के मुद्दों में मदद मिले?

क्या हम कभी संकेत देते हैं कि हमारे साथी को और अधिक वर्कआउट करना चाहिए?

क्या हम वजन कम करने या वजन बढ़ाने में एक-दूसरे की कठिनाइयों के बारे में सोचे बिना बात करते हैं?

वजन प्रबंधन के लिए टूल्स: यह सिर्फ एक संख्या हैं

वास्तविकता यह है कि वजन कई लोगों के लिए एक समस्या हैं। सवाल यह है कि क्या तुम अपने साथी को इसके बारे में परेशान किए जा रहे हो? यदि हां, तो यह तरीका अपनाओ: यह सिर्फ एक संख्या हैं यह संख्या ऊपर जा सकती है और नीचे आ सकती है। अगर तुम्हारा वजन तुम्हे परेशान करता है, तो अच्छा खाना खाओ और व्यायाम करो। लेकिन अगर तुम्हारे साथी का वजन तुम्हे परेशान करता है तो तुम्हे उन्हें इससे अपने तरीके से निपटने देना होगा।

तुम उनका समर्थन तभी कर सकते हो जब वह तुमसे ऐसा करने को कहो— और उनसे पूछो कि उन्हें किस तरीके का समर्थन चाहिए जिससे कि उन्हें दर्द ना हो। अन्यथा, तुम कुछ मत कहो और किसी भी तरीके से कोई टिप्पणी मत करो। यह सिर्फ आक्रमण हैं और इससे सीमाओं का उल्लंघन होता हैं। इससे कुछ भी अच्छा उबर के नहीं आता हैं।

यदि तुम्हारे साथी का वजन तुम्हें परेशान कर रहा है, तो सबसे बदतर चीज जो तुम कर सकते हो वह है उन पर वजन घटाने या बढ़ाने के लिए दबाव डालना। यह केवल तुम्हारे साथी और तुम्हारे पार्टनरशिप पर दबाव बढ़ाएगा। इससे जो तुम चाहते हो उसके विपरीत प्रतिक्रिया प्राप्त होती है। तुम अपने साथी को विद्रोह करने अथवा कोशिश को बंद करने की अपेक्षा कर सकते हो। जब तुम्हारा साथी तंदुरस्त बनने को तैयार है, तो केवल वे ही ऐसा कर सकते है। सकारात्मक समर्थन ही एकमात्र तरीका हैं। यह सिर्फ एक नंबर है वाली मानसिकता यहां उपयोग करनी चाहिए। इसका अर्थ है कि तुम्हें अपने साथी को अपने तरीके से और अपने समय के हिसाब से इसे करने देना चाहिए, साथ में तुम्हारा कोमल समर्थन।

एक्शन आइटम

सही विकल्प चुनना

यदि तुम्हारे साथी को तुम्हारे प्रोत्साहन की जरूरत है, तो, उनके साथ उनके मार्ग पर चलो। उनके साथ उनके वर्कआउट को करो। उनके साथ स्वस्थ भोजन करो। एक साथ मिलकर परिवर्तन करना। यही पार्टनरशिप है।

एक स्वस्थ जीवन शैली का रहस्य तुम्हारी इच्छाशक्ति में महारत हासिल करना है। जब तुम नियंत्रण में होते हो, तो इच्छाशक्ति सही निर्णय लेने की कुंजी होती है। जब ऐसा नहीं होता है, तो यह तुम्हारा सबसे बड़ा दुश्मन हो सकता है। उदाहरण के लिए, तुम स्वस्थ भोजन खाने का लक्ष्य बनाते हो लेकिन काम और परिवार के मुद्दों में यह दब जाता है। तुम्हारी इच्छाशक्ति अपने निम्नतम बिंदु पर है, और तुम पाते हो कि तुम बहुत सारा आइसक्रीम निगल रहे हो। यदि कोई तुम्हें रोकने की कोशिश करता है, तो मैं सिर्फ उन्हें शुभकामनाएं दे सकता हूं। इस बात को समझो की इच्छा शक्ति बढ़ेगी और घटेगी, और इसे दिन के हर क्षण बनाए रखना असंभव है। बस इसके प्रति जागरूक रहो।

यानी तुम्हारा साथी स्वस्थ होना चाहता है और तुम्हारी सहायता मांगता है, तो उनका साथ दीजिए। यदि इसका अर्थ है कि तुम्हें वैसे खाने खाने पड़े जो तुम्हें पसंद ना हो, तो फिर भी ऐसा करो। यदि तुम्हारा साथी चाहता है कि तुम उसके साथ पैदल चलो जबकि तुम्हें दौड़ना पसंद है, तो फिर भी उनके साथ चलो। यदि तुम उनका साथ हर कदम देते हो, तो तुम उनके लिए कोशिश करते रहने के लिए इसे आसान बनाते हो।

यदि तुम्हारा साथी सक्रिय रूप से स्वस्थ खाने और कसरत करने का प्रयास कर रहा/रही है, लेकिन परिणाम को नहीं देख रहा है, तो सकारात्मक टिप्पणी जैसे "तुम अद्भुत लग रहे हो" या "मुझे तुम पर बहुत गर्व है" करने से काफी प्रोत्साहन मिलता है। कोई भी नकारात्मक टिप्पणी उनको स्तब्ध कर सकता है, और वह प्रेरणा खो देंगे।।

जब तुम्हारा साथी प्रयत्न कर रहा हो तो जंक फूड घर में मत लाना। यदि तुम्हें लगता है कि तुम्हारे साथी को मीठे खाने का लत है, तो घर में मिठाई लाना बहुत बुरी बात है। यदि तुम्हारा साथी स्वस्थ रेसिपी या खाने को ट्राई कर रहा है जो हमेशा सही नहीं होता, फिर भी उनके प्रयास की सराहना करो। यदि तुम्हारे साथी को तुम्हारी जरूरत खाना पकाने या बच्चों की देखभाल करने में हो जिससे कि वह वर्क आउट कर सके, तो उनका हाथ बटाओ।

स्वस्थ रहना एक जीवन भर का प्रोजेक्ट हैं। यह कभी भी खत्म नहीं होता। अच्छे और बुरे दिन होंगे ही। जंक फूड खाना और जूस पीना होते रहेंगे। ठीक हैं, यह बस एक नंबर हैं और यह ऊपर या नीचे जा सकता हैं। और इससे पहले कि तुम कुछ सोचो और अपने साथी की आलोचना करो, अच्छे से आईने की ओर नजर डालो और देखो की तुम कैसे दिखते हो। पहला पत्थर तुम मत फेंको।

हकीकत यह है कि जब तुम्हारे साथी को लगेगा कि वह अच्छा दिख रहा/रही है, तो इससे उन्हें अपने बारे में भी अच्छा महसूस होगा। यह फायदे की स्थिति है। यदि तुम अंतर्निहित सुंदरता को ढूंढ लेते हो और हर समय उन्हें महसूस कराते हो कि वह सुंदर है, तो तुम ने इसमें महारत हासिल कर लिया है क्योंकि यह बस एक नंबर है। तुम्हारा साथी जैसा भी है उसे वैसे ही प्यार करो, ना कि उसके वजन को देखकर। तुम्हें पता चल जाएगा जब तुम्हारा साथी तुम्हारे सामने लाइट ऑन कर के कपड़ा उतार सकेगा/ सकेगी। यही लक्ष्य है।

ये सभी चीज़ें
विश्वास पर
प्रभाव डालती हैं
सीमाएँ
जीवन शैली
अनुमान लगाना
सफेद झूठ
GONZALO

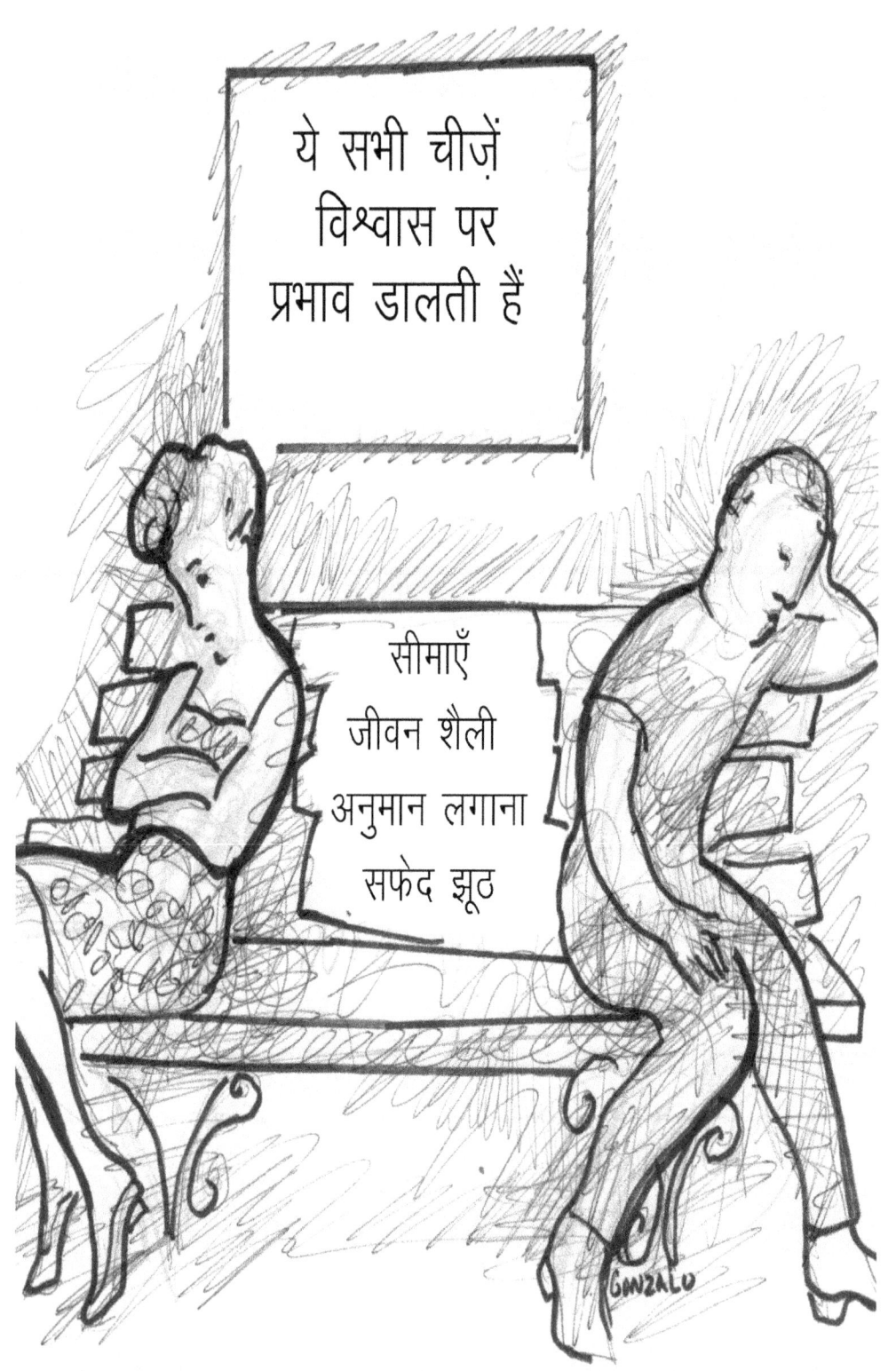

अध्याय 10: रिलेशनशिप ट्रस्ट के लिए दैनिक टूल्स

सीमाएं रखना
करने से पहले सोचो

इससे पहले कि
तुम उस लड़की से
फ़्लर्ट करो जो तुमको देख रही है
जरा सोचो कि तुम किस राह पर
चलने वाले हो।

सीमाएं स्थापति करो

यह प्यार की कमी नहीं बल्कि भिरोसे की कमी है
जो एक दुखी पार्टनरशपि का नर्िमाण करती है।

कब तुम्हें इतना दुख हुआ कि तुमने अपने साथी के साथ प्यार और ईमानदारी को सबसे ज्यादा प्रधानता देने लगे, जसिसे कि 100% वशि्वास रहे? कब तुमने झूठ बोलने की हद कर दी जसिसे तुम्हें लगने लगा कि अब तुम ईमानदार बनने को तैयार हो, चाहे इसकी प्रतकि्रयिा तुम्हें अच्छा ना लगे? कब तुम्हें इतना तनाव हुआ कि तुमने अपने वादों को बनिा बहाने के पूरा करना शुरू कयिा? कब तुम्हें इतना ग्लानि हुआ कि तुमने ईमानदार बनना शुरू कर दयिा और इस दयनीय रशि्ते के लिए अपने साथी को दोषी ठहराना बंद कर दयिा? तुम्हें कब लगा कि बहुत हुआ और तुमने अपने पार्टनरशपि के भवषि्य को लेकर सोचना शुरू कयिा और सबसे महत्वपूर्ण- इसे बेहतर बनाने के लिए बदलना चाहते हो?

एक स्वस्थ पार्टनरशपि के लिए सीमाएँ आवश्यक है। यह स्थापति करते हैं कि तुम कनि चीजों के साथ सहज हो और तुम्हारा साथी कैसे तुमसे व्यवहार करेगा/ करेगी। तुमने देखी लयिा है कि सीमाएं एक स्वस्थ रशि्ते के हर पहलू में एक भूमकिा अदा करती हैं। अपने साथी के सीमाओं का आदर करो, और वह भी तुम्हारे साथ ऐसा ही करो इसलिए उनकी सहायता करो और तुम्हें को एक खुशहाल जीवन मलिेगा। इसका उल्लंघन करो और तुम्हारा जीवन और कठनि हो जाएगा। सीमाओं को स्थापति करना और बनाए रखना एक कौशल है। बदकस्मिती से, इस कौशल को ज्यादा लोग नहीं सीखते है।

इन सीमाओं के उल्लंघन से साथी के भरोसे को चोट पहुंचती है। यह उल्लंघन कई प्रकार के हो सकते हैं जैसे, एक इंसान के नजिी स्पेस, परविार, दोस्तों, गोपनीयता, वति्त, वशि्वास, स्वास्थ्य की स्थतिि इत्यादि का सम्मान ना करना। ज्यादातर पार्टनरों ने खुलकर एक दूसरे के सीमाओं के मुद्दों पर कभी चर्चा नहीं की। लेकनि यदि तुम को यह नहीं पता है कि कैसे तुम्हारा साथी सीमाओं को महसूस करता है, फरि तुम सही में अपने साथी को नहीं पहचानते हो।

यदि तुम अपने साथी को बदलना चाहते हो या समस्या के समाधान के लिए किसी बाहर वाले का उपयोग करते हो, फिर तुमने सीमा का उल्लंघन किया है। यदि तुमने धमकियों का या डराने का उपयोग किया है, तो तुमने सीमा का उल्लंघन किया है। यदि तुमने फायदा उठाया है या हानि पहुंचाई है, तो तुमने सीमा का उल्लंघन किया है।

यदि तुम अपने साथी के सामान को लेते हो और इधर उधर रख देते हो क्योंकि वह जहां सामान को रखते हैं वह तुम्हें पसंद नहीं है या तुम अपने साथी के फोन, मेल और ई-मेल देखते हो बिना उनसे पूछे, तो तुमने सीमा का उल्लंघन किया है। यदि तुम अपने साथी की तस्वीर लेते हो जबकि उन्होंने ऐसा करना पसंद नहीं है या उनके अनुमति के बिना तुम कॉमेंट या तस्वीर सोशल मीडिया में पोस्ट कर देते हो, तो तुमने सीमा का उल्लंघन किया है। जब तुम उनके अनुमति के बिना उनके प्लेट से खाते हो या सोफे पर उनके सबसे प्रिय जगह पर बैठते हो, तो तुमने सीमा का उल्लंघन किया है।

सीमाओं का उल्लंघन अनादर का साइन है। यदि ऐसा हो, तो इसे स्वीकार लेना चाहिए और कहना चाहिए "तुम सही, मैं गलत।"

तुम्हारे और तुम्हारे साथी के लिए सवाल

क्या हम घर में एक दूसरे के सामान को इधर-उधर रखते हैं क्योंकि हमें लगता है कि हमें ज्यादा पता है?

क्या हमें लगता है कि हमें हमारे साथी द्वारा अपमान किया गया है क्योंकि घर में जिस तरह से चीजों को किया जाता है - मेरा तरीका या तुम्हारा तरीका लेकिन हमारा तरीका नहीं?

क्या एक को या दोनों को ही ऐसा लगता है कि बच्चे कैसे बड़े होंगे इस बात पर हमें नियंत्रण रखना होगा?

कहानी कैसे सुनाई जा रही है या विचार कैसे व्यक्त किये जा रहे हैं, इसे ठीक करने के लिए क्या हम में से एक या दोनों एक दूसरे को बाधित करते हैं?

क्या हम दोनों को लगता है कि हमारे एक दूसरे के दोस्त उनके लिए ठीक नहीं हैं - और ऐसा कहते भी हैं?

क्या हम यह सोचते हैं कि हमारा साथी बहुत ज्यादा फ्लर्ट करता है?

क्या हम में से कोई यह सोचता है कि मेरा साथी सोशल मीडिया पर बहुत ज्यादा निजी जानकारी दोस्तों के साथ साझा करता है?

सीमा को बनाए रखने के लिए टूल्स: करने से पहले सोचिए

एक स्वस्थ पार्टनरशिप के लिए सीमाएँ स्थापित करना बेहद जरूरी है। सवाल यह है कि क्या तुम्हे लगता है कि तुम्हारी पार्टनरशिप स्वस्थ है? क्या तुम्हारा साथी तुम्हारे साथ हर चीज साझा करने में सहज महसूस करता है यह जानकर के उनके सीमाओं का सम्मान किया जाएगा, या तुम्हें ऐसा लगता है कि तुम्हारा साथी तुमसे कोई चीज छुपा रहा है क्योंकि तुम दोनों के बीच ओवरशेयरिंग और साथी के सीमाओं के उल्लंघन का इतिहास रहा है? अगर ऐसा है, तो थिंक बिफोर यू एक्ट में किक करो।

कोई फर्क नहीं पड़ता कि तुम कितने समय से साथ हो, अपनी मानसिकता को बिल्कुल ताजा रखें जैसे कि तुम अभी अपने साथी को जान रहे हो। जैसे कि जब तुम अभी-अभी मिले थे, तुम्हें उनकी सीमाओं का क्या कौन सी चीज उन्हें प्रेरणा देती है इस बात का कोई अंदाजा नहीं है, और ना ही वह तुम्हें जानते हो। इसका मतलब है कि तुम्हें संवाद करना होगा। तुम यह नहीं मान सकते कि तुम पहले से ही जानते हो। यह अभ्यास प्यार और आशा को दर्शाता है और तुम अपने पार्टनरशिप की प्रवाह करते हो।

अपनी सीमाओं के बारे में नोट बनाना शुरू करो-वित्तीय, बौद्धिक, शारीरिक, भावनात्मक या यौन तुम्हारा साथी ऐसा क्या कर सकता है जिससे तुम्हे अपमानित महसूस हो? अपने साथी को अपनी सूची बनाने के लिए कहो, फिर एक दूसरे को सूचियां दिखाओ। क्या तुम इन सीमाओं से अवगत थे? क्या तुम्हें पता है कि तुम्हारे साथी के सीमाओं का उल्लंघन कैसे होता है? यह जानना कि तुम किस पर परस्पर सहमत हो सकते हो और क्या स्वीकार्य नहीं है, यहाँ यही लक्ष्य है—उसी पृष्ठ पर जाने का एक और कदम।

एक्शन आइटम

सही विकल्प चुनना

करने से पहले सोचो। हां, किसी अन्य इंसान को केवल उत्साह की नजरों से देखना गलत है। यह तुम्हारे साथी को चोट पहुँचाता है।

अब सोचो उस समय के बारे में जब तुम इन सीमाओं का उल्लंघन करते थे और इसका तुम्हारे साथी पर क्या प्रभाव पड़ता था। क्या तुमने माफ़ी मांगी? क्या तुम सम्मानजनक थे? यदि तुमने नुकसान किया है, तो क्या तुम किसी समझौते यह संकल्प पर आने में सक्षम रहे हो?

थकि बफिोर यू एक्ट का दूसरा भाग अपने साथी को यह बताना है कि तुम एक बेहतर साथी बनने के लिए तैयार हो, और तुम उनकी सीमाओं का बेहतर ढंग से सम्मान करोगे। ऐसा करने का एक उपाय यह है कि जब तुम अपने भावनाओं को व्यक्त करो तब कसिी भी वाक्य में "मैं" के बदले "हम" का उपयोग करो, कभी भी "तुम हमेशा..." या "तुम कभी भी..." से शुरुआत मत करो। कभी भी अंतमि चेतावनी ना दो। तुम कसिी दुश्मन के साथ बातचीत नहीं कर रहे हो। तुम हमेशा अपने साथी को रझिाते रहते हो।

परविार तुम्हारे रशि्ते के इर्द गरि्द घूमेंगे। सीमाएँ नर्धिारति करो कि वे कतिने हद तक जा सकते है। यहां प्रत्येक साथी को ही परविार के सदस्यों के लिए नयिम तय करना होगा और अपने साथी को बुरा बनने से रोकना होगा। यदि तुम परविार और सीमाओं के बारे में दोषी महसूस कर रहे हो, तो रीसेट करो।

यह नयिम दोस्तों के ऊपर भी लागू होता है। दोस्तों के साथ आपसी सीमाएँ नर्धिारति करो और वह जब हो तो एक दूसरे के स्पेस का सम्मान करो। यदि तुमने अपने साथी को उनके दोस्तों से दूर कर रखा है, तो यह समय है रसिेट करने का और नरि्णय करने का कि क्यों ऐसा करना उचति था और फरि सीमाओं को रसिेट करो।

जब बात लक्ष्य और सपनों की आती है, कोई अपने साथी को यह नहीं कर सकता कि क्यों वह अपने सपनों का पीछा नहीं कर रहे हैं जब तक कि यह अन्य साथी प्रभावति ना करो, या संभवत जब इसके लिए पैसे की जरूरत हो तो तुम्हारे पास नहीं है। जब ऐसा होता है, तो एक साथी का खर्च कतिनी ज्यादा हो सकता है, इस पर आपसी सीमाएँ नर्धिारति करो। यदि उनके सपने तुम्हें प्रभावति नहीं कर रहे है, तो उन्हें सपने देखने दो। यदि तुम इसे रोक देते हो क्योंकि तुम्हे लगता है कि यह एक मूर्खतापूर्ण वचिार है, तो यह सीमा का उल्लंघन है, और यह रीसेट करने का समय है।

यदि तुमने और तुम्हारे साथी ने कभी भी यौन सीमाएँ नर्धिारति नहीं की है, तो यह इस वषिय पर जाने और इस पर सीमाओं को तय करने का समय हो सकता है। नयिम यह है कि यदि तुम्हारा साथी चाहे तो इसलिए तुम्हें प्रयोगात्मक चीजों के लिए खुला होना होगा, उस हद तक जहां तक यह सुरक्षति है और जहां सीमाओं पर तुम्हारी सहमति है। यह एक हेल्थी बातचीत हो सकती है, जसिमें दोनों पक्ष ही खुश हो सकते हैं।

मैंने यह पहले भी उल्लेख कयिा था, और मैं फरि से इस बात को दोहराना चाहता हूं: कसिी भी रूप में फ्लर्टगि के संदर्भ में सीमाओं के नर्धिारण को लेकर एक अच्छा नयिम यह है कि यदि तुम इसे अपने साथी के सामने कर सकते हो तो यह ठीक है। यदि तुम खुद को, रूम के अंदर अपने साथी के जाने के प्रतीक्षा करते हुए प्राप्त करते हो, फरि जवाब है 'नहीं'। जो भी बहाना तुम अपने दमिाग में बना रहे हो, तुम्हें पता होना चाहिए कि तुमने सीमा का उल्लंघन कयिा है।

एक सुखी, स्वस्थ और पूर्ण पार्टनरशपि बनाने के सबसे महत्वपूर्ण घटकों में से एक है सीमाओं का सम्मान करने में महारत हासलि करना। कैसे एक ओवरएचीवर बने।

जीवन शैली

मनोभाव
अनुकूलन

तुम दो
अलग लोग हो
ट्रिक तुम्हारे और
तुम्हारे साथी के बीच
तालमेल बिठाना है।

लविंगि द लाइफस्टाइल

लाइफ एक हार्ड हैट ज़ोन है –
हमेशा नर्मिाणाधीन।

ज्यादातर पार्टनरशपि एक ऐसे दौर से गुजर सकती हैं जो तुम्हें घसिी पटिी महसूस हो सकती हैं। साथी एक ऐसे बंदि तक पहुंच सकते हैं जहां वह एक दूसरे को प्यार तो करते हैं, लेकनि खुद को वह "प्यार में" महसूस नहीं करते। यह समय के साथ हो सकता है क्योंकि लोग बदलते हैं और बढ़ते हैं और एक-दूसरे के अभ्यस्त होते हैं। जब तुम्हारा साथी गठबंधन नहीं करता है या अपने साथी के दृष्टकिोण में रुचि नहीं रखता है, तो यह एक समस्या बन जाती है।

कहां रहना है, काम को कैसे बैलेंस करना है या पैसे कैसे खर्च करने है, कतिना यात्रा करना है या खाने पीने में कतिना संलग्न होना है, बच्चे पैदा करना है या नहीं और ऐसे ही कतिना कुछ के बारे में एक साथी के लिए अलग-अलग इच्छाएं, वश्विास या वचिार होना आम बात है। लक्ष्य इस दुनयिा को एक साथ नेवगिट करना है। जब तुम सहमत नहीं हो रहे हो और हर चीज सर्फि एक साथी के दृष्टकिोण से हो रही हो, तो दूसरा साथी खुद को अदृश्य या यहां तक की ठगा हुआ महसूस कर सकता है। पार्टनरशपि को तोड़ने से — तुम्हारे साथी को पहचान, दूरदृष्टि और सपनों की कमी महसूस होगी।

संगति, अनुकूलता, सच्चा प्यार, साझा इतहिास और अपने साथी को अंदर बाहर अच्छे से जानना ऐसी चीजें है जन्हिें लोग पार्टनरशपि में महत्व देते हैं। जब पार्टनरशपि में इनमें से एक या अधकि महत्वपूर्ण घटक बदल जाते हैं या गायब हो जाते हैं, तभी समस्या शुरू होती है, आवश्यक नहीं कि यह जीवन शैली के बदलाव के वजह से हो।

हो सकता है तुम काउच पोटैटो बन गए हो, जबकि तुम्हारा साथी अभी भी मनोरंजन और यात्रा करना पसंद करता है। तुम बस शांत होना चाहते हो। तुम्हारा साथी एक्शन चाहता है। तुम्हारा साथी जो भी कर रहा है जरूरी नहीं कि तुम्हें उन चीजों के साथ सहमत हो ना हो, जब तक तुम दोनों इन मतभेदों में भी एक साथ हो और इन मतभेदों को सुलझाने का समाधान तुम्हारे पास है। लेकनि मतभेदों को नकारात्मक व्यवहार न बनने दो जो श्रेष्ठता या अनादर का दृष्टकिोण व्यक्त करता है।

जीवन शैली में मतभेदों को अवमानना न बनने दो। यदि तुमने ऐसा कयिा है, तो इसे स्वीकार कर लेना चाहिए और कहना चाहिए "तुम सही, मैं गलत।"

तुम्हारे और तुम्हारे साथी के लिए सवाल

क्या सर्वोत्तम जीवन शैली के बारे में हमारे व्यक्तिगत दृष्टिकोण बदल गए हैं? क्या हम अभी भी इस बात पर सहमत हैं कि कौन सी चीज जीवन को अच्छा बनाती है?

क्या हम एक दूसरे का सानिध्य पसंद करते हैं?

क्या हम में से कोई एक दूसरे के साथ समय बिताने से बचता है? क्या हम किसी भी तरह से डिस्कनेक्टेड हो गए हैं?

क्या हम में से एक या दोनों कभी यह चाहते हैं कि दूसरा स्वयं के बीते कल का कोई वर्शन जैसा हो?

अभी हम जैसे हैं क्या हमें इसकी तुलना में अपने अतीत ज्यादा बेहतर लगते हैं?

क्या हम दोनों में से कोई यह सोचता हैं कि दूसरे ने पार्टनरशिप छोड़ दी हैं, इस बात की परवाह किए बिना कि हम सफल होते हैं या असफल?

क्या हम में से कोई यह सोचता है कि दूसरा बहुत अधिक समय अलग-अलग बिताता है, क्योंकि हम उन्ही चीजों का आनंद नहीं लेते हैं?

क्या हम अब भी साथ में मौज-मस्ती करते हैं, या क्या हमें मजा तभी आता हैं जब हम अपने रूचियाँ पूरी करते हैं?

क्या हमें लगता हैं कि हम एक दूसरे को खुश करने के लिए सही चुनाव कर रहे हैं?

क्या हम उम्मीद करते हैं कि हम एक-दूसरे के बदलते जीवनशैली विकल्पों को स्वीकार करेंगे?

क्या हम एक दूसरे की बदलती जीवन शैली विकल्पों में हिस्सा लेना चाहते हैं?

क्या हम अपने सामान्य आधार को जानते हैं, भले ही हम अलग-अलग तरीकों से जीवन का अनुभव करना चाहते हो?

क्या हम एक-दूसरे को पसंद करते हैं और प्यार करते हैं कि हम कौन हैं, भले ही जीवनशैली की अपेक्षाओं में बदलाव आया हो?

जीवन शैली जीने के लिए टूल्स: रवैये का एडजस्टमेंट

सबसे मजबूत रिश्ते वे होते हैं जहां दोनों साथी अपने स्वत्व स्वरूप में हो सकते हैं और एक-दूसरे का सम्मान भी कर सकते हैं। तुमने इसे पहले सुना है: विपरीत आकर्षित करते हैं, और जीवन को देखने के दो अलग-अलग तरीकों के साथ दो अलग-अलग तरह के लोग आते हैं। तुम अंतर्मुखी हो सकते हो, और तुम्हारा साथी बहिर्मुखी हो सकता है। तुम एक पार्टी पसंद इंसान हो, और तुम्हारा साथी एक किताबी कीड़ा है। तुम यात्रा करना पसंद करते हो, और तुम्हारा साथी घर पर रहना पसंद करता है। तो यह पार्टनरशिप में कैसे काम करता है? अगर तुम्हारा गेम प्लान अपने साथी को बदलने या नियंत्रित करने का है जो वह नहीं है, तो फिर से सोचें।

यहीं से रवैया एडजस्टमेंट आवश्यक बन जाता है। अपने साथी को बदलने की कोशिश न करो। वे जैसे भी हैं उन्हें वैसे ही स्वीकार करो और उनके दृष्टिकोण में रुचि लो। उनकी जीवन शैली विकल्पों के बारे में टिप्पणियों के साथ उन्हें शर्मिंदा न करो। तुम अपने साथी को वह क्या पहन रहे हैं या क्या खा रहे हैं या सार्वजनिक जगह में वह कैसे सभी से बात कर रहे हैं इन सब की वजह से यदि तुम उनसे नफरत करते हो, तो फिर कुछ कहने से पहले खुद को एक कूल-डाउन की अवधि दो। बेहतर होगा, यदि उनसे कुछ कहा ही ना जाए। जाने दो। यह उनका जीवन हैं। उन्हें अपने हिसाब से जीने दो, कम से कम तुम बिना कोई नकारात्मक टिप्पणी किए उन्हें अपना निर्णय लेने दो।

रवैया एडजस्टमेंट का एक अन्य घटक अपने साथी के मतभेदों के लिए प्रशंसा के निर्माण पर ध्यान केंद्रित करना हैं। उनकी प्रशंसा करने के लिए मतभेदों में कुछ खोजें। अपने साथी के लिए कुछ ऐसा करो जिससे उन्हें पता चले कि तुम इस अंतर को स्वीकार करते हो, तब भी अगर तुम इस अंतर को अपने एक्शंस में नहीं अपनाते हो। उदाहरण के लिए, यदि तुम्हारा साथी फ्रेंच फ्राइज़ ऑर्डर करना पसंद करता है और तुम को लगता है कि तले हुए खाद्य पदार्थ तुम को मार देंगे, तो फ्रेंच फ्राइज़ ऑर्डर करो। तुम को थोड़ा भी नहीं खाना है! ओह, और बात सकारात्मक न हो तो टिप्पणी नहीं करना!

एक्शन आइटम

समझौता

एक कदम पीछे जाओ और आकलन करो कि तुम अपने साथी के साथ समस्याओं का समाधान कैसे करते हो। अगली बार जब तुम किसी बहस में उलझ जाते हो, तो रुको, समझौता करो और जाने दो।

रवैया एडजस्टमेंट तुम्हारे भावनाओं को नयिंत्रण में रखता है और कहता है, "मैं तुमसे बेहतर नहीं हूं," "मैं तुम्हें नयिंत्रण करने की कोशशि नहीं कर रहा हूं," और "मैं तुम्हें बदलने की कोशशि नहीं कर रहा हूं।" यह कहता है, "तुम जैसे भी हो, मैं तुमसे प्यार करता हूँ।" यद तुम्हें परेशान करने वाले व्यवहारों से समस्या है क्योंकि वे काफी ज्यादा होते हैं, तो बेहतर वकिल्प बनाने के लिए आवश्यक सभी सूचनाओं को शांत से संप्रेषति करके इसे बदलो - और फरि इसे अकेला छोड़ दो।

मेरे साथी का एक कहावत है: "आप पहले अपना चुनाव करें, फरि मैं अपना करूंगा/करूंगी।" मैं अपना करता हूं, लेकनि मैं अपने चुनाव का पुनर्मूल्यांकन अपने साथी के मौजूदगी में करता हूं। हकीकत यह है, यद मिरे साथी को जो मैं कर रहा हूं उससे असहज महसूस हो रहा/रही है, तो फरि उन्हें इस भावना को व्यक्त करने का हक है। एक बेहतरीन साथी होने के नाते यह मेरा काम है कि मैं इसे सम्मान दूँ। इसलिए, मैं अपनी पसंद का पुनर्मूल्यांकन करता हूं और खुद से पूछता हूं कि क्या यह मेरे लिए इतना महत्वपूर्ण है। ज्यादातर मामलों में, जवाब नहीं होता है, इसलिए मैं पास करता हूं। जब तुम अपने लड़ाई को ठीक से चुनते हो, तो जीत तुम्हारी होती है।

इसे सोचो, कहो मत

दूसरा अनुमान लगाना

अगर तुम्हारे पास कहने के लिए कुछ अच्छा नहीं है तो कुछ मत कहो

हकीकत यह है कि तुम्हारा साथी तुम्हारी राय को पसंद करता है, लेकिन जैसे ही तुम उसे देते हो वे उसे हल्के में ले लेते हैं

सेकंड गेसगि करना बंद करो

अगर मैंने अपने जीवन में कुछ भी सही कयिा है,
वह है तुम को चुनना।

क्या तुम अपने साथी के दैनकि नर्िणयों और वकिल्पों का सेकंड गेसगि करते हो? यह भरोसे की कमी और नयिंत्रण के समस्याओं को इंगति करता है जसिसे पार्टनरशपि एक रक्षात्मक स्थतिमिें पहुंच जाती है। क्या तुम सवाल करते हो कतिुम्हारा साथी वशिेष स्थतियिों को कैसे संभालता है? क्या तुम अपनी अलग राय रखते हो लेकनि अपने साथी को वैसे भी इसे अपने तरीके से करते हुए देखते हो?

साथी के नर्िणय पर सेकंड गेसगि में कतिना वश्विास काम करता है इस बात को कम करके मत आंको। अपने साथी और अपने रश्ति पर भरोसा रखने से तुम्हारे रश्ति में अन्य चीजों को बढ़ने की अनुमतमिलिती है। इसके बनिा, अपने साथी पर वश्विास खोना और जरूरत पड़ने पर भावनात्मक समर्थन न देना पूरी तरह से स्वाभावकि है।

अपने साथी के साथ ठोस नर्िणय लेते समय, यह जरूरी है कहिम एक दूसरे को चुप न कर दे। तुम जो परणिाम पसंद करोगे उसके अलावा तुम्हारे पास कौन से वकिल्प है? तुम्हारा साथी कौन सा परणिाम प्राप्त करने की आशा करता/करती है? इन सभी को सुलझाना आवश्यक है इससे पहले कतिुम अपने साथी पर सेकंड गेसगि शुरू कर दो।

अपनी भावनाओं के बारे में ना बोलने या नर्िणय लेने की प्रक्रयिा में शामलि ना होने से तुम्हारे साथी द्वारा लएि गए नर्िणय या बेहद जरूरी नर्िणय से तुम्हें वषिाद हो सकता है।

सेकंड गेसगि सर्िफ समझौता की कमी के बारे में है। यदएिसा हुआ है, फरि इसे स्वीकार करना और कहना क"तुम सही, मैं गलत" सही है।

तुम्हारे और तुम्हारे साथी के लिए सवाल

क्या हम अक्सर एक-दूसरे पर सेकंड गेसिंग करते हैं?

जब हम एक दूसरे पर सेकंड गेसिंग करते हैं, तो क्या यह हमारे रिश्ते को मदद करता हैं?

क्या हम एक-दूसरे पर सेकंड गेसिंग करते हैं क्योंकि हम निर्णय लेने से पहले उनके बारे में पर्याप्त बात नहीं कर रहे हैं?

जब हम उन चीज़ों के बारे में सवाल पूछते हैं जिनके लिए हम ज़िम्मेदार नहीं हैं, तो क्या ऐसा लगता हैं कि हम एक-दूसरे के मामले में अपनी टांग अड़ा रहे हैं।

क्या हमें लगता हैं कि हममें से प्रत्येक को दूसरे के काम या शौक के बारे में राय रखने का अधिकार हैं?

क्या हमें लगता हैं कि हममें से प्रत्येक को एक दूसरे के परिवार के बारे में राय रखने का अधिकार हैं?

क्या हम दोनों ही या हम में से कोई एक, अन्य को चुप कराता हैं जब वह सेकंड गेसिंग कर रहा हो?

क्या हम दोनों ही या हम में से किसी एक को दर्द होता हैं जब दूसरा किसी निर्णय को सेकंड गेस करें?

क्या हम में से कोई एक, अन्य के बारे में सेकंड गेसिंग करने में हद पार करता हैं?

सेकंड गेसगि करने से रोकने का टूल्स: इसे सोचो, इसे मत कहो

जब तुम कसिी को इतने अच्छे तरीके से जानते हो, जसिमें उनके खामयिां भी हैं (हम सभी में हैं), सेकंड गेसगि करना हमारा दूसरा स्वभाव बन जाता है। यह जतिना हम स्वीकार करना चाहते हैं, उससे कहीं अधकि होता है। यह तुम्हारे साथी के बारे में अंदरूनी जानकारी रखने जैसा है, और यह कभी-कभी अनुचति हो सकता है। तुम जो कुछ भी कहोगे या करोगे वह तुम्हारे खलिाफ तुम्हारे ही घर के दरबार में इस्तेमाल कयिा जाएगा।

'इसे सोचो, इसे मत कहो' कहता है कि कोई नर्िणय गलत नहीं है, क्योंकि हम हमेशा इसे बदल सकते हैं और सही कर सकते हैं। पार्टनरशपि के स्वास्थ्य के लिए अपने साथी द्वारा लिए गए नर्िणय को स्वीकार कर लो, जबकि तुम्हें लग रहा है कि उनका यह नर्िणय बेहतरीन नहीं है। अपने साथी पर सेकंड गेसगि करना बंद करो और अधकि एकत्रति होने की दशिा में काम करें।

लेन-देन की रणनीति अपनाओ, जसिसे तुम्हारे साथी को बनिा आलोचना के नर्िणय लेने की अनुमति मिलि सके, जैसा तुम्हारे लिए कयिा गया है। ऐसा केवल संचार और समझौता के माध्यम से ही हो सकता है। अपने साथी को इसे अपने तरीके से करने दो, भले ही तुम असहमत हो। यदि तुम ऐसा सोच रहे हो, तो इसे मत कहो, तो तुम इसके परणिाम से आश्चर्यचकति हो सकते हो। यदि इसे बेहतरीन कुछ हासलि नहीं हुआ, तो भवष्यि के परसि्थतियिों के लिए सुझाव दो और आगे बढ़ जाओ।

एक्शन आइटम

संचार

तुम्हारे साथी को अगला प्रमुख नर्िणय लेने दें। उन्हें बनिा कसिी सवाल या नर्िणय के इसे करने दें।

जीवन आसान हो सकता है यदि तुम जान सको कि तुम्हारा साथी ऐसा नर्िणय क्यों लेता हैं। जरूरत है बस उन्हें पूछने की। चाहे तुम अपने साथी के साथ सहमत हो या असहमत, बनिा आलोचना कयिे चीजों को ग्रहण करना ही कुंजी है। वास्तवकिता यही है कि, तुम एक दूसरे को बनिा कसिी ववािद या बनिा ऐसा कुछ कह कर कि तुम ने मेरे कार्यों पर सवाल उठाने की हम्मित कैसे कि एक दूसरे को समझना और एक दूसरे का समर्थन करना चाहिए। यह गलतफहमयिां गलत संचार से उपजी है। जब तुम इस बात के नष्किर्ष में पहुंच जाते हो कि तुम्हारा साथी क्या सोच रहा हैं और तुम्हें इस बारे में क्या पता है, तो तुम खुद को दुखी में पाते हो। तुम माइंड रीडर नहीं हो। सवाल पूछो!

यह याद रखना बेहद जरूरी है कि बदलाव धीरे-धीरे होता है। इन वार्ताओं के बाद और एक साथ कैसे निर्णयों को संभाला जाए इस पर सहमति के बाद, तुम्हारे पास एक लेन-देन की रणनीति होगी— एक बेहतरीन शुरुआत। एक दूसरे को गलती करने का मौका दो और इस विचार को त्याग दो कि तुम्हारा साथी केवल गलत निर्णय लेता है। इस बात में कोई ऊर्जा नहीं है। बल्कि, अपने साथी को यह याद दिलाओ की परिस्थितियों को पहले से तय योजना के अनुसार संभालना है।

'इसे सोचो, इसे मत कहो' के अनुसार तुम को यह याद रखना चाहिए के तुम गलत हो सकते हो। इस बात पर विचार करो कि तुम अपने साथी पर भरोसा नहीं कर पा रहे हो इसका अंतर्निहित कारण तुम्हारा स्वयं पर भरोसा नहीं है। मैंने सोचा था कि मेरा साथी किसी विशेष निर्णय पर अपनी विचार प्रक्रिया में काफी गलत था, और मेरा दृष्टिकोण ही एकमात्र सही दृष्टिकोण था, लेकिन जब मैंने सवाल पूछना शुरू किया, तो मेरे साथी के बहस युक्तिसंगत थे, जिन पर मैंने पहले विचार नहीं किया था। मैं इसे इस तरह से नहीं संभालना चाहता था, लेकिन मैंने अपने कदम पीछे किए और उनके सुझावों को स्वीकार किया। मैं अब अपने साथी के फैसलों का सम्मान करने की आदत बना चुका हूं। मुझे बस इसे त्याग देना है और उनको निर्णय लेने देना है।

यह सोचना मानव स्वभाव है कि तुम्हारे पास सभी जवाब है – तुम्हारा रास्ता ही एकमात्र रास्ता है। लेकिन कभी-कभार तुम्हारे साथी के पास भी बेहतर तरीका हो सकता है। मान लो कि तुम ने उन्हें ऐसा करने दिया। अपने राय को उन पर मत थोप, उन पर भरोसा रखो। यदि वे गलत हैं, तो उन्हें जज मत करो या उन्हें खरी-खोटी मत सुनाओ जैसे तुमने पहले कभी गलती नहीं किया है। 'इसे सोचो, मत कहो' को लागू करने का आदत डालो।

अपने आपसे पूछो, अगर मुझे इसे करना होता, मैं इसे कैसे अलग तरीके से करता?
"तुम सही, मैं गलत" को कहने में एक शालीनता हैं।

झूठ – ईमानदारी

हम सब खराब कर देते हैं, जब हम इसको स्वीकार नहीं करते हो और झूठ बोलते हो

अधिक खर्च करना और उसे छिपाना

तुमने एक पुरानी गर्लफ्रेंड के साथ लंच किया लेकिन अपने साथी को नहीं बताया

सफेद झूठ से सावधान

ऐसा इंसान बनो जो अपने पार्टनर
के लपिस्टकि को बर्बाद करें, उनके काजल को नहीं।

एक सफेद झूठ खतरनाक हो जाता है जब इसका उपयोग तुम कसिी बात को ढकने के लिए करते हो। यह कल्पना करना कठनि हैं कि एक छोटा सा झूट कैसे भयंकर रूप ले सकता है। एक छोटे सफेद झूठ से समस्या यह है कि जहां अन्य लोग इसे समझ ना भी पाए वही तुम्हारा साथी इसको लेकर सोच वचािर कर सकता/सकती है।

झूठ बोलने का अक्सर अनदेखा परणािम ज्यादातर समय तुम्हारे साथी के भरोसे का उल्लंघन होता है। ऐसा नहीं है कि उन्होंने पहले तुमसे झूठ ना बोला है। ऐसा है कि उनसे तुमने झूठ बोला था। शायद से उनके जीवन में केवल तुम ही हो जनि पर वह भरोसा कर सकते हैं। अभी वे ठगे हुए और क्रोधति महसूस कर रहे हैं। अभी उनकी आंखें खुली हैं, यह मानवीय प्रकृति है कि वे अपने अतीत दनिों के बारे में सोचेंगे और देखेंगे कि उनसे क्या चूक हुई। संदेह है कि इस जाल में, वे वविश होकर मूर्ख यहां तक की अपमानति महसूस करते हैं।

समझने की कोशशि करो कि तुम्हारे साथी हर जगह वश्विासघात के मुद्दों पर बात कर रहे हैं। झूठ और वश्विास आसानी से एक साथ नहीं रह सकते। झूठ बोलना अंततः आत्मवश्विास को तोड़ देगा।

पहली बार जब तुम्हारा साथी एक सफेद झूठ को बेनकाब कर लेता है, तो यह समझना कठनि नहीं है कि तुम जो भी कह रहे हो उन पर वह सवाल करेगा/करेगी और तब तक करेंगे जब तक उनका भरोसा पुनः स्थापति न हो। तुम घर कब आ रहे हो? तुम कहां गए थे? तुम्हारे साथ कौन कौन था? तुमने क्या-क्या कयिा? जब तुम आसपास ना हो तो शायद तुम अपने साथी को तुम्हारे टेक्स्ट मैसेज या ईमेल पढ़ते हुए पकड़ सकते हो. तुम्हें समझना होगा कि तुमने अपने नजिता को खो दयिा हैं, क्योंकि तुम झूठ बोलते हुए पकड़े गए हो। अभी तुम बस अपने आप को दोष दे सकते हो।

जतिना तुम झूठ बोलोगे, उतना ही तुम्हारा साथी स्वयं की रक्षा करेगा/ करेगी। वह दीवार पर एक और ईटा रखेंगे जब तक तुम्हारे लिए उसके पार जाना, उसको लांघ कर जाना, या उसके बाजू से जाना असंभव हो जाए।

सफेद झूठ पार्टनरों के बीच दीवार खड़ी कर देता हैं। यदि ऐसा हुआ हैं, फरि इसे स्वीकार करना और कहना कि "तुम सही, मैं गलत" ठीक है।

तुम्हारे और तुम्हारे साथी के लिए सवाल

क्या हम असहमति या संघर्ष से बचने के लिए कभी एक-दूसरे से झूठ बोलते हैं?

क्या हम कभी सफ़ेद झूठ बोलते हैं ताकि हम एक दूसरे की भावनाओं को ठेस न पहुँचाएँ? यह कब ठीक है?

क्या हम में से दोनों ने या किसी एक ने कभी झूठ बोला है क्योंकि हमें लगता है कि हमारे ह्रदय में हमारे साथी के लिए सर्वोत्तम हित है?

क्या हम कभी एक दूसरे की रक्षा के लिए झूठ बोलते हैं? ऐसा कब ठीक है?

क्या हम दोनों ने या कोई एक ने कभी झूठ बोला है क्योंकि हम अपने किसी किए पर शर्मिंदा हैं?

क्या हम मे से कोई झूठ बोल सकता है क्योंकि हम अपने कार्यों की व्याख्या या उन्हें उचित ठहराना नहीं चाहते हैं?

क्या हम कभी झूठ बोलते हैं क्योंकि यह सच बोलने से कहीं ज्यादा आसान है?

क्या हम में से कोई एक या दोनों कभी नियंत्रण बनाए रखने के लिए झूठ बोला है?

क्या हम कभी झूठ बोलते हैं ताकि हम एक दूसरे को निराश न करें?

क्या हमारा सफेद झूठ कभी और अधिक गंभीर झूठ का आधार बनता है?

क्या दूसरे लोग सोचते हैं कि हम में से कोई एक या दोनों ही झूठ बोल रहे हैं जबकि हम ऐसा नहीं कर रहे होते हैं?

क्या हम में से कोई एक या दोनों ही झूठ बोलते हैं तब भी जब हम सत्य कहना चाहते हैं?

सफेद झूठ से सावधानी का टूल्स: ईमानदारी

ओह! वह हानरिहति छोटा सफेद झूठ। झूठ बोलना हमारे डीएनए में हैं। तुम्हें पता ही होगा वह छोटे वाले जनिका उपयोग जो हमें चाहिए उसे प्राप्त करने के लिए बचपन में हमने महारत हासलि कयिा है और हमने कभी इससे इनकार नहीं कयिा।

जब तुम्हारे माँ ने कहा कि तुम अपना होमवर्क पूरा होने के बाद बाहर जा सकते हो और खेल सकते हो, तो तुमने जवाब दयिा, "मेरा होमवर्क पूरा हो गया!" जबकि ऐसा नहीं हुआ था। फरि हम बड़े हो गए और बचे हुए कैश पैसों को सट्टेबाजी में लगाया जबकि तुमने अपने साथी को कहा था कि तुम अब जुआ नहीं खेलते। "मैंने धूम्रपान छोड़ दयिा हैं - यह मेरी/मेरा आखरिी सगिरेट हैं!" ऐसा तुम कहते हो और पालन भी करते हो, जब तक एक तनावपूर्ण दनि नहीं आता, जब तुम अपने वादे को अपने इच्छा शक्ति के साथ खड़िकी के बाहर फेंक देते हो। यही समय हैं जब तुम्हें चाहिए थोड़ी सी ईमानदारी।

एक कौशल के रूप में इमानदारी दो चीज कहती हैं: जो तुमने कहा है वह करो और कोई भी वादा ऐसा मत करो जो तुम नभिा नहीं सकते हो। इसका मतलब यह नहीं कि तुम्हें अपने हर नजिी भावनाओं को प्रकट करना होगा। तुम अपने मान्यताओं के बारे में प्राइवेट हो सकते हो लेकनि उन कार्यों के बारे में नहीं जो तुम्हारे पार्टनरशपि को प्रभावति करती हैं।

एक्शन आइटम

सवाल पूछो

क्या तुम बस इसे स्वीकार कर सकते हो? जब तुम इस बकवास के साथ अगली बार नपिटना नहीं चाहते हो, बस सफेद झूठ के साथ ईमानदार रहो और सत्यनष्ठिा से जयिो।

क्या तुम जानते हो यह की कैसे यह समझा जाए कि कब तुमने एक लकीर को पार कयिा है? यह तब होता है जब तुम अपने झूठ को सही ठहराते हो और उन्हें गुप्त रखने के लिए भरसक प्रयास करते हो। जब तुम ऐसा कर रहे हो तो महसूस कर सकते हो कि यह गलत है।

जब तुम नयिमति रूप से काम पर लेट आते हो, अनुमान लगाओ तब क्या होता है? वे तुम्हें बर्खास्त करते हैं क्योंकि वे तुम पर भरोसा नहीं कर सकते हैं। यहा भी वही चीज है, जब तुम्हें खरी खोटी सुनाई जाती है क्योंकि तुमने अपने साथी को कहा था कि तुम एक नर्दिष्टि समय में वहां उपस्थति रहोगे मगर तुम लेट हो गए। क्यों? क्योंकि वे तुम पर भरोसा या यकीन नहीं कर सकते। तुमने यह पहले सुना है। तुम्हारे साथी ने कहा है कि वे तुम पर भरोसा नहीं कर सकते क्योंकि...

कूटनीति कोई सफेद झूठ नहीं है। कूटनीति के साथ अपने साथी की भलाई की रक्षा के लिए व्यक्तिगत सवालों के जवाब देना ठीक है। मान लीजिए एक स्पीकिंग इवेंट के लिए स्टेज पर जाने से पहले तुम्हारा साथी तुमसे पूछता है कि वह कैसा लग रहा/ लग रही है। चाहे कुछ भी हो जाए, तुम कहते हो, "तुम बेहद खूबसूरत लग रही हो!" क्योंकि और कुछ कहने से तुम्हारे साथी का प्रदर्शन बर्बाद हो सकता है। बाद में तुम उन्हें बता सकते हो कि कैसे उस पोशाक को एडजस्ट करना है, मगर वह सफेद झूठ उनके भलाई के लिए बेहद जरूरी था। इसलिए विवेक से ईमानदारी का प्रयोग करें। उनको पता हैं कि कब तुम उनकी रक्षा करते हो और तुम्हारे दिल में उनके लिए हमेशा उनके हितों की बातें ही होती हैं। तुम एक दयालु तरीके से ईमानदार हो सकते हो।

जब तुम झूठ बोलते हो, तुम्हारा तनाव का लेवल बढ़ जाता है। जब तुम झूठ बोलते हो तो तुम खुद को कम पसंद करते हो। बेईमानी तुम्हें अपने स्वयं में स्थति होने से बाधति करती है।

तुम सही हो, और मैं गलत
तुम माफी इसलिए नहीं मांग रहे हो क्योंकि तुम गलत थे – तुम माफी मांग रहे हो क्योंकि तुम सेम पेज पर नहीं थे
मैं गलत नहीं था मैं माफ़ी क्यों मांगूं

परम समाधान: तुम सही, मैं गलत

कसिी भी परस्थितिि में अपने साथी को वापस लाने में जब तुम खुद को जूझते हुए पाओगे, तो तुम कभी भी इस परम समाधान का प्रयोग कर सकते हो: तुम सही, मैं गलत। इसे इस तरह से डजिाइन कयिा गया है कि जिससे तुम्हारे साथी को यह पता चले कि तुम उनसे सहमत नहीं थे और तुम चीजों को सही करने के लिए इच्छुक हो। वास्तवकिता यह हैं कि एक रश्तिा तभी कारगर बनता हैं जब उसमें दो लोग मौजूद हो, और यह बात तुम्हारे साथी को समझ आएगी। लेकनि एक शांति प्रस्ताव कभी दुखदाई नहीं होता है और कहना की ''तुम सही, मैं गलत'' एक पेशकश है।

यदि तुमने कोई गलती की है, तो जम्मिेदारी लो और दूसरे के ऊपर दोष को मढ़ने के बजाय उसे स्वीकार करो। अपने गलतयिों को ढकने की प्रयत्न ना करो या ऐसा दखिावा ना करो कि कभी कुछ हुआ ही नहीं था। हालांकि अतीत को बदला नहीं जा सकता है, परंतु भवष्यि के गलतयिों से बचा जा सकता है। यह मामला अपनी गलतयिों से सीखने का है। स्वीकार करो और कहो, "तुम सही, मैं गलत।"

गलतयिां प्रारंभ में तुम्हारे पार्टनरशपि को नुकसान नहीं पहुंचाएंगे। जब तुम अपनी गलतयिों को स्वीकार नहीं करते हो या रक्षात्मक बन जाते हो और उन्हें सही ठहराते हो तो वे एक मुसीबत बन जाती है। यह व्यवहार शत्रुता और वश्विास की कमी पैदा करते हैं। यदि तुम पार्टनरशपि को फरि से बनाने के लिए तैयार हो, तो कहो "तुम सही, मैं गलत," और उपचार प्रक्रयिा शुरू करो।

एक्शन आइटम

तुम सही, मैं गलत

बुरे फैसले पर वापस नजर डालो जसिके वजह से रश्तिा इस मोड़ तक पहुंचा। अभी समय है इसे स्वीकार करने का और अपने साथी की और देखने का और कहने का कि "तुम सही, मैं गलत था क्योंकि मैं सहमत नहीं था। लेकनि अब यह बदल रहा है।"

इस कौशल को अपनाओ और समझो कि तुम्हारे पास वह शक्ति है जसि तुम इस असफल होते रश्िते को फरि से पटरी पर ला सकते हो। तुम एक खुशहाल पार्टनरशपि में रहने का चुनाव कर सकते हो। क्या तुम सही में ऐसे घर में एक साथी के साथ रहना चाहते हो जो गुस्सा है और तुमसे बात नहीं कर रहा? क्या तुम अपना जीवन गुस्से में बतिाना, और तुम्हारे साथी का अस्तत्वि नहीं है ऐसा अभनिय करना चाहते हो? तुम जानते हो और मैं जानता हूं कि यह बेकार है।

तो अपना दलि बड़ा करो और कहो: "तुम सही, मैं गलत" और सहमति ना बना पाने के लिए उनसे माफी मांग लो। फरि अपने पछिले कार्यों पर पुनर्वचिार करो और अपने नए चुनाव को पूरी इमानदारी से नभिाओ। कतिाब में दिए गए इस कौशल का और अंतर्दृष्टि का उपयोग करो और अपने रश्िते को रसिट करो। सकारात्मक चीज है कि तुम्हें अपना जीवन प्राप्त होता है— और तुम्हें वापस अपना प्यार मलि जाता है। पहला, आखरिी

और हमेशा: प्यार की जीत होती है।

बोनस

ऐसे शब्द जो तुम्हें अपने साथी से कभी नहीं कहने चाहिए

"क्या तुम पागल हो?"

"क्या तुम यह पहन रहे हो?"

"शांत हो जाओ!"

"पागल मत बनो। मैं सिर्फ मजाक कर रहा था!"

"इसे गलत तरीके से मत लेना, लेकिन..."

"बस भी करो!"

"मुझे स्पेस दो!"

"जल्दी करो!"

"मुझे तुमसे नफ़रत है!"

"मुझे परवाह नहीं है।"

"मैंने तुमसे कहा था..."

"अगर तुम्हें यह पसंद नहीं है, तो चले जाओ!"

"मैं इसे बाद में करूंगा।"

"मेरा हो गया।"

"इससे तुम्हारा कोई मतलब नहीं!"

"यह तुम्हारी गलती है!"

"तुम थके हुए लग रहे हो।"

"तुम्हें डाइट पर जाने की जरूरत है।"

"तुमने मुझे वह कभी नहीं करने दिया जो मैं चाहता हूं।"

"तुम मुझे मेरी माँ की याद दिलाते हो।"

"तुम्हें मदद मांगनी चाहिए थी।"

"तुम नहीं समझेंगे।"

"तुम परेशान कर रहे हो।"

"तुम बहुत सारे सवाल पूछ रहे हो।"

"तुम बेहुदा होते जा रहे हो!"

"तुम मेरी नहीं सुन रहे हो।"

"तुम गलत हो।"

"रिलैक्स करो।"

"चुप हो जाओ!"

"रोना बंद करो!"

"मुझे परेशान करना बंद करो!"

"बोलना बंद करो!"

"यह मेरा काम नहीं है।"

"आज पुरे दिन क्या किया?"

"अब क्या गड़बड़ है?"

"तुम क्यों घबरा रहे हो?"

शब्द जो तुम्हें अपने साथी से बार-बार कहने चाहिए

"मैं तुमसे प्यार करती/करता हूँ।"
"मुझे तुम्हारी याद आती है।"
"मुझे तुम्हारी ज़रूरत है।"
"मुझे माफ कर दो।"
"मुझे तुम पर भरोसा है।"
"मुझे तुम्हारे साथ रहना बहुत पसंद है।"
"जिस तरह तुम मेरी देखभाल करते हो मुझे वह बहुत पसंद है।"
"मैं तुम्हें चूमना पसंद है।"
"मुझे हमारा यह सफर पसंद है।"
"मुझे वो जिंदगी पसंद है जिसे हमने एक साथ बनाया है।"
"जिस तरह से तुम खुद को संभालते हो, मुझे वह पसंद है।"
"मुझे लगता है कि तुम सुंदर हो।"
"मैं यह सब फिर से करूँगा।"
"मैं बर्तन साफ करूँगा।"
"मैं तुम्हारे लिए पागल हूँ!"
"मैं तुम्हारे साथ खुश हूँ।"
"मुझे बहुत खुशी है कि तुम मेरे जीवन में हो।"
"मैं तुमसे बहुत प्यार करता/करती हूं।"
"मुझे तुम पर गर्व है।"
"मैं संभाल लूँगा/लूँगी।"
"मैं तुम्हें संभाल लूँगा/लूँगी। "
"तुम मेरे लिए सब कुछ हो।"
"तुमने मेरी अच्छाई को सामने ला दिया।"
"तुम यह कर सकते हो!"
"तुम बहुत अच्छे लग रहे हो!"
"तुम जीवन को आसान बनाते हो।"
"तुम मुझे एक बेहतर इंसान बनना चाहते हो।"
"तुम शानदार हो।"
"तुम महान हो!"
"तुम मेरे सबसे अच्छे दोस्त हो।"
"तुम बहुत खूबसूरत हो।"
"तुम सर्वश्रेष्ठ हो!"
"तुम सबसे अच्छी चीज हो जो मेरे साथ कभी हुई है।"
"तुम सही कह रहे हो।"
"तुम्हें क्या लगता है?"

और ज्यादा के लिए तैयार हैं?
ऑनलाइन कार्यपुस्तकिा में 16 अतरिक्ति टूल्स प्राप्त करें

संतुलन

परविार: साथी पहले
स्वास्थ्य: अपने हाथ में लो
बच्चे: हे भगवान
वेंटगि: दस मनिट

समानता

टकराव से बचना: यहाँ तक क िखेल के मैदान पर भी
अनादर: क्यों
एक आवाज होना: बस सुनो
स्वार्थ : हम

सुरक्षा

वत्ति: सहकारी व्यवहार
ईर्ष्या: यह सर्फि गलत है
हेरफेर: बंद करो
समर्थन: हाँ स्वीकरण

वशि्वास

वफ़ादारी: सच्चे रहें
अंतरंगता: जुनून
संबंध डाइनैमक्सि: स्वामत्वि लेना
प्रौद्योगकिी: खुली कताबि

बैगेज मुद्दों के बारे में अधकि जानें और ऑनलाइन कार्यपुस्तकिा में 16 टूल्स प्राप्त करें:

बैगेज वे जटलि मुद्दे हैं जन्हिें हम सभी ढोते हैं। वे ऐसे हैं जनिका कोई आसान समाधान नहीं है, लेकनि उन्हें अनदेखा नहीं कयिा जा सकता है। जतिना अधकि बैगेज हटा दयिा जाता है, पार्टनरशपि उतनी ही स्वस्थ बनती जाती है। ऑनलाइन 16 टूल्स हैं जो आपके रशि्ते की मजबूती के लए खतरा पैदा करने वाले बैगेज को खत्म करने में आपकी मदद करते हैं।

संतुलन

लत: इच्छाशक्त
अवसाद: यह वास्तवकि है
आघात: में तुम्हें संभाल लूँगा/लूँगी
चाहतें बनाम जरूरतें: इसे नयिंत्रण में रखें

समानता

दूसरे पर नर्भिरता: खराब प्रोग्रामगि
प्रतबिद्धता: पहचान
स्कोर रखना: टीम वर्क
आक्रोश: क्षमा

सुरक्षा

दुर्व्यवहार: स्केलटिन्स
क्षमा: उनके बटन मत दबाओ
छपि हुए वत्ति: वत्तिीय बेवफाई
आत्म सम्मान: उम्मीदें

वश्विास

परत्यिाग: बच्चे के दस्ताने
धोखा: यह दर्द देता है
डबल लाइफ: क्या बकवास है
भावनात्गक रूप से डस्किनेक्ट: पुनर्नविश

मैं गलत, तुम सही

नीचे दयिा क्यूआर कोड
तुम्हें ऑनलाइन प्लेटफॉर्म पर लाएगा

जब तुम ऑनलाइन प्लेटफॉर्म पर लॉगऑन करोगे
तुम्हारे पास नम्निलखिति तक पहुंच होगी:

अतरिक्ति टूल्स के साथ कार्यपुस्तकि
सबक, सुझाव और उदाहरण
मोटविशनल कपल्स की सलाह

www.youarerightiamwrong.in

www.artandliving.com

मैं गलत, तुम सही
यह रोजमर्रा के चुनावों के बारे में है जो तुम्हारे साथी के साथ संरेखति हैं

यह कतिाब एक महान जीवन और एक अद्भुत पार्टनरशपि में तुम्हारी मदद करने के बारे में है

लेखक के बारे में

हमेशा उम्मीद
होती है
गोंजालो

www.ingramcontent.com/pod-product-compliance
Lightning Source LLC
Chambersburg PA
CBHW051144120626
46547CB00012B/942
9789692592734